당신의 인생을 가치 있고
풍요롭게 일구어가는 데
이 책이 작은 도움이 되기를 바랍니다.

_____ 님께

_____ 드림

당신의 노후는
당신의 부모와 다르다

2013년 6월 12일 초판 1쇄 | 2018년 9월 6일 14쇄 발행
지은이 · 강창희

펴낸이 · 김상현, 최세현
마케팅 · 김명래, 권금숙, 심규완, 양봉호, 임지윤, 최의범, 조히라
경영지원 · 김현우, 강신우 | 해외기획 · 우정민
펴낸곳 · (주)쌤앤파커스 | 출판신고 · 2006년 9월 25일 제406-2012-000063호
주소 · 경기도 파주시 회동길 174 파주출판도시
전화 · 031-960-4800 | 팩스 · 031-960-4806 | 이메일 · info@smpk.kr

ⓒ 강창희 (저작권자와 맺은 특약에 따라 검인을 생략합니다)
ISBN 978-89-6570-153-8 (03320)

- 이 책은 저작권법에 따라 보호받는 저작물이므로 무단전재와 무단복제를 금지하며, 이 책 내용의 전부 또는 일부를 이용하려면 반드시 저작권자와 (주)쌤앤파커스의 서면동의를 받아야 합니다.

- 이 책의 국립중앙도서관 출판시도서목록은 서지정보유통지원시스템 홈페이지(http://seoji.nl.go.kr)와 국가자료공동목록시스템(http://www.nl.go.kr/kolisnet)에서 이용하실 수 있습니다.
  (CIP제어번호 : CIP2013006364)

- 잘못된 책은 구입하신 서점에서 바꿔드립니다.   • 책값은 뒤표지에 있습니다.

쌤앤파커스(Sam&Parkers)는 독자 여러분의 책에 관한 아이디어와 원고 투고를 설레는 마음으로 기다리고 있습니다. 책으로 엮기를 원하는 아이디어가 있으신 분은 이메일 book@smpk.kr로 간단한 개요와 취지, 연락처 등을 보내주세요. 머뭇거리지 말고 문을 두드리세요. 길이 열립니다.

당신의 노후는 당신의 부모와 다르다

강창희 대표의
100세 시대를 위한 인생설계

· 강창희(트러스톤자산운용 연금교육포럼 대표) 지음 ·

| 프롤로그 |

후반 인생,
준비되셨나요?

얼마 전 같은 회사에서 일하던 후배 하나가 찾아왔다. 예전에 CEO로 있을 당시 신입사원으로 뽑은 친구인데, 10여 년의 세월이 흘러 어느덧 30대 후반의 중견 간부가 되어 있었다. 이런저런 이야기를 나누던 끝에 후배는 대뜸 정년 후 무엇을 준비해야 하는지 물어왔다. 아직 30대 후반밖에 되지 않았지만, 하나둘씩 회사를 떠나는 선배들을 볼 때마다 남의 일 같지 않다고 했다.

후배의 질문을 듣고 내가 그 나이에는 무엇을 했는지를 자연스럽게 떠올리게 되었다. 돌이켜보건대 그 시절의 나는 어떻게 하면 일을 잘해서 동기들보다 빨리 승진할 수 있을까, 어떻게 해야 좀 더 신나게 일할 수 있을까, 하는 생각밖에 없었던 것 같다.

그런데 30대에 벌써 퇴직 운운하는 후배를 보고 있노라니, 착잡한 마음이 들지 않을 수 없었다. 내가 몸담고 있는 금융계의 정년이 다소 빠른 탓도 있겠지만, 단순히 내 후배에게만 해당되는 건 아니기 때문이다.

사실 이러한 이야기가 어제오늘 일은 아니다. 오늘날 직장인들은 정년은커녕 1년 앞도 내다볼 수 없는 불안한 시대에 살고 있다. 사오정이니 오륙도니 서슬 퍼런 신조어들이 쏟아져 나왔고, 신의 직장을 판가름하는 조건 중 하나로 '안정된 정년'이 대두된 지 오래다. 예전에는 회사에서 인정받고 승진하는 것이 목표였다면, 지금은 가능한 한 오래도록 회사에 남아 정년을 채우는 것이 목표가 될 만큼, 많은 이들이 안정된 삶을 갈망하고 있다.

이러한 사회적 분위기가 단순히 종신고용의 붕괴 때문만은 아닐 것이다. 평균수명이 늘어난 것 역시 많은 삶의 변화를 가져왔다. 80세였던 평균수명이 100세까지 늘어나면서 인생을 바라보는 관점 자체가 달라지고 있는 것이다.

가장 먼저 일에 대한 생각이 바뀌었다. 어렵게 회사에 들어가 10년쯤 일하면, 어느덧 마흔을 바라보는 나이가 된다. 정년 후 무엇을 할 것인지 후반 인생을 진지하게 고려할 시기다. 과거에는 공부해서 취업하고 퇴직하는 삶이 일반적이었다면, 100세 시대에는 공부하고 취업하고 다시 공부해 재취업하는 과정을 밟을 수밖에 없다.

부모와 자식간의 관계도 달라졌다. 예전에는 자식농사만 잘 지으면 별다른 걱정이 없었지만, 이제는 부모와 자식이 함께 늙어가는 시대다. 노인이 노인을 부양해야 하는 현실에서 자식에게 무엇을 기대할 수 있겠는가.

결론부터 말하자면 국가에도 자식에게도 기댈 수 없는 것이 우리의 후반 인생이다. 우리는 우리의 부모와 다른 노후를 보낼 수밖에 없다. 그렇다면 기나긴 시간 동안 무엇을 하며 어떻게 살아야 할까. 이 책은 바로 그에 관한 이야기다.

나는 우리보다 먼저 고령화 사회에 진입한 일본을 접할 기회가 많았던 덕분에, 남들보다 비교적 일찍 노후, 즉 후반 인생에 대해 많은 관심을 가져왔다. 2012년까지 미래에셋은퇴연구소를 9년 동안 운영해왔고, 2014년 9월부터는 트러스톤자산운용 연금교육포럼의 대표를 맡아 '100세 시대의 자산관리와 생애설계'를 주제로 연구와 강의 활동을 하고 있다. 1년에 300회가 넘는 강의를 하면서 정리한, 나름대로의 원칙은 다음과 같다.

행복한 후반 인생을 사는 법은 의외로 간단하다. 딱 하나만 기억하면 된다. 요즘 같은 '100세 시대'에는 현역 시절보다 퇴직 후에 살아야 할 후반 인생이 훨씬 더 중요하다는 사실이다.

이 책은 평균수명의 연장이 우리의 삶을 어떻게 바꾸어놓을지 알려주고, 그러한 변화의 소용돌이에서 어떻게 후반 인생을 준비해야 하는지 다섯 가지 리스크를 토대로 현실적인 전략을 제시한다. 아울러 가장 강력한 투자엔진은 바로 자신의 직업이라는 원칙 하에 현역 시절부터 '대체 불가능한 나'를 만들 수 있는 방법을 소개한다.

1장에서는 평균수명의 증가로 인한 환경의 변화를 다룬다. 수명이 늘어나고 퇴직시기는 빨라지면서 장수는 축복이 아니라 오래 사는 '리스크'로 둔갑한 지 오래다. 100세 시대를 맞아 가장 먼저 무엇을 준비해야 하는지를 여러 관점에서 조목조목 살펴본다.

2장에서는 평생 현역이야말로 최고의 노후대비라는 사실을 바탕으로, 정년 후 무엇을 해야 할 것인지를 구체적으로 살펴본다. 풍요로운 후반 인생을 살아가려면, 수억 원의 목돈보다 매달 고정적으로 나오는 생활비가 훨씬 중요하다. 그러한 측면에서라도 경제활동을 통해 꾸준한 수입을 창출해야 한다. 그렇다고 반드시 돈 때문에 일을 해야 하는 것은 아니다. 생계가 해결된다면 삶의 보람이나 즐거움을 찾는 것도 매우 중요하다. 재취업과 자아실현 등 정년 후 자신이 무엇을 할 것인지에 대해 미리미리 청사진을 그려야 한다.

3장에서는 자녀교육과 노후대비를 놓고, 점점 과열로 치닫고 있는 자녀 사교육비에 대한 합리적인 대처법이 무엇인지를 다룬다. 다른 나라도 그렇겠지만 유독 우리나라에서는 자녀에게 아낌없이 투자하는 분위기가 당연시되고 있다. 형편껏 한다면 몰라도 가진 것 이상을 쏟아붓느라 정작 자신의 노후를 챙기지 못한다면, 행복한 후반 인생이 날아갈 거라는 사실은 불 보듯 훤한 일 아닌가. 그뿐 아니다. 과도한 교육비 지출이 자녀의 장래에 도움이 되는지도 냉정하게 생각해봐야 한다.

4장에서는 부동산에 지나치게 편중된 자산구조에 대해 짚어본다. 집을 제외하면 별다른 재산이 없는 이들이 적지 않다. 오늘날 사회문제가 되고 있는 하우스푸어만 해도 집에 대한 집착 내지는 지나친 믿음에서 비롯된 문제일지 모른다. 부동산의 전망과 더불어 적절한 자산배분이 얼마나 중요한지를 살펴본다.

5장에서는 퇴직 후 줄지 않는 생활비에 대해 구체적으로 다룬다. 연금이나 예금 등 고정적인 수입이 있다 해도, 물가상승을 고려하면 화폐가치는 점점 떨어질 수밖에 없다. 가진 돈을 불리려면 적절한 투자가 필수불가결하다. 경제적으로 풍요로운 후반 인생을 보내는 데 저축과 투자를 통한 전략적인 자산관리는 필수다.

마지막으로 6장에서는 '자신'의 발전에 대해 다루고 있다. 어쩌면 이 책에서 가장 중요한 부분일지도 모른다. 은퇴 후 내 삶을 책임져주는 것은 회사가 아니라 자기 자신이다. 고용정년은 회사가 정해준 것이지만, 일의 정년은 자신이 정할 수 있다. 현역 시절부터 자신의 몸값을 높이고 '나'라는 브랜드를 확립한다면, 정신적으로도 경제적으로도 풍족한 후반 인생을 보낼 수 있을 것이다.

분에 넘치게도 나를 '노후설계 전문가'라는 이름으로 불러주시는 분들이 적지 않다. 그럴 때마다 내 자신이 부족한 것을 잘 알기에 부끄러운 마음이 앞서곤 한다. 그래도 어떻게 해야 행복한 후반 인생을 살 수 있는지, 안정적인 노후를 보낼 수 있는지 궁금해하는 사람들을 보며, 조금이나마 도움이 되었으면 하는 마음에서 이 책을 쓰게 되었다.

   지난 10년 넘는 기간 동안 활동해 오면서 알게 된 것은 투자교육이나 노후설계교육은 비즈니스로 하기보다는, 사회공헌 차원에서 해야 한다는 것이었다. 미국에서도 1950년대부터 투자교육, 은퇴교육이 활발하게 이루어져 온 것은 투자자협회, 은퇴협회와 같은 NPO(Non-Profit Organization, 민간비영리조직)들이 주도적 역할을 해온 덕분이었다. 아울러 이들 NPO들이 활발하게 활동할 수 있었던 것은 미국에 기부문화, 특히 개인들의 기부문화가 발달해 있었기 때문이었다. 기부문화도, NPO 활동도 활성화되어 있지 않은 우리나라 현실을 감안할 때, 그동안 재정적인 염려를 하지 않고 투자교육, 은퇴설계교육을 하면서 이 책에 담을 컨텐츠를 만들 수 있었던 것은 나에게 커다란 행운이었다. 2004년부터 2012년까지 은퇴연구소장의 직책을 부여해준 미래에셋과, 2014년 9월부터 연금교육포럼 대표라는 직책으로 일할 수 있게 해준 트러스톤자산운용에 깊은 감사의 마음을 표하고 싶다. 감사하는 마음으로 우리나라 직장인들의 생애설계와 자산관리에 도움이 되는 연구와 강의활동에 더욱더 정진해 보려 한다.

강창희

차례

프롤로그 후반 인생, 준비되셨나요? • 4

1

오래 사는 리스크에 대비하라

늘어난 내 인생, 뭐가 문제일까? • 17
정말 생각보다 오래 산다 18 | 장수 리스크, 해답은 있다 21

입구관리보다 출구관리에 힘써라 • 24
자산설계? 지출부터 줄여라 27 | 퇴직 후 '손익계산서'를 만들어라 29

혼자 사는 노후, 어떻게 대비할 것인가 • 33
늘어나는 1인 가구, 싱글의 시대 34 | 친화력보다 '고독력'을 키워라 38

건강, 결코 자신하지 마라 • 44
건강 리스크, 보험으로 대비하자 47

2

지금, 두 번째 인생을 디자인하라

정년 후 80,000시간, 어떻게 보낼 것인가 • 53
예술도 길고 인생도 길다 57 | 1.4년 vs. 19.4년 59
노후에 대한 부부의 생각 차이 62

후반 인생, 평생 현역이 답이다 • 66
평생 현역? 먼저 체면부터 버려라 70
체면을 버리는 것은 최고의 경쟁력이다 75

재테크보다 재취업에 전념하라 • 80
재취업의 의지를 확고히 하라 81 | 반드시 눈높이를 낮춰라 82 | 나만의 주특기를 가져라 84 | 주특기를 잘 드러내라 85 | 전직장과 비교하지 마라 87

보람 있는 후반 인생을 꿈꾸는 사람들 • 89
금융회사 CEO에서 사랑의 집짓기 CEO로 92 | 주목받는 NPO 활동 94
건설회사 대표에서 화가로 96 | 평범한 직장인에서 문화유산 해설가로 97

3

자녀, 투자인가 비용인가

부모의 품으로 귀환하는 자녀들 • 105
자녀, 어디까지 도와줘야 할까? 108

좋은 부모에 대한 생각을 바꿔라 • 114
노노상속, 어째서 문제인가 117

자녀 리스크, 해답은 있을까? • 121
자녀교육, 자기만의 철학을 가져라 122 | 자녀의 인생을 디자인하지 마라 129

진정한 경제적 자립이란? • 134
금융교육, 수학교육만큼 중요하다 137

4

부동산 위주의 자산구조에서 벗어나라

집 한 채가 전 재산인 사람들 • 145
부동산 vs. 금융자산 147 | 더 이상 내 집 마련에 올인하지 마라 149
땅도 수입할 수 있는 시대 153 | 부동산 불패신화, 계속될 것인가? 156

집에 대한 생각, 이제는 바꿔라 • 158
주택의 규모를 줄여라 161 | 주택연금을 활용하라 162
임대사업의 빛과 그림자 164 | 전세, 언제까지 계속될까 165
결국은 분산투자다 167

5

줄지 않는 생활비, 어떻게 해결할까?

최저 생활비, 3층 연금이 답이다 • 173
노후 대비의 기본, 국민연금 176 | 소득 공백기, 어떻게 대비할까? 178

직장인의 든든한 노후, 퇴직연금 • 181
내게 맞는 퇴직연금 고르기 183 | 퇴직연금, 주도적으로 관리하자 185

저축과 투자의 '차이'를 이해하라 • 187

저성장·저금리 시대, 어떻게 대처할 것인가 • 191
노후 대비 금융상품, 어떻게 고를까 192

자산관리의 원칙을 지켜라 • 198

자산운용, 인적자산을 고려하라 • 202

금융자산은 3개의 주머니로 나눠라 • 206

자산형성 주머니는 펀드투자로 • 210
펀드투자, 하려면 제대로 하라 212 | 형편에 맞는 포트폴리오 짜기 213
펀드투자, 왜 실패하는가? 216

우량펀드, 어떻게 고를까? • 220
믿을 수 있는 금융회사와 거래하라 223 | 훌륭한 자산운용주치의를 만나라 226

6
대체 불가능한 '나'를 만들어라

가장 큰 투자엔진은 '자신'의 직업이다 • 233
지금 하는 일에서 '최고'가 되자 235

처음부터 전문가인 사람은 없다 • 239
누구에게나 장점과 단점은 있다 242

주특기, 얼마든지 만들 수 있다 • 248
자신의 약점을 보완하는 마감력 252 | 기회를 선사하는 힘, 제안력 255
아는 것만큼 중요한 표현력 259

프로 직장인, 이것만은 기억하라 • 263
성공한 직장인? 금융부터 배워라 264 | 살아 있는 독서, 강연을 들어라 268
공든 탑도 무너뜨리는 '평판' 271 | 직장 내 인사人事, 어떻게 봐야 하나 274

내 인생의 말, 말, 말! • 277

에필로그 지금 당신의 모습이 노후를 만든다 • 281

찾아보기 • 284

1
오래 사는 리스크에 대비하라

풍요로운 인생을 살고 싶다면,
리스크를 피하기보다 적극적으로 받아들이자.
후반 인생이 인생의 절반을 차지하는 지금,
이제는 노후설계와 생애설계를 구분하는 게 무의미하다.
'생애설계(Life Planning)'를 기반으로 젊었을 때부터
그에 맞는 준비를 시작하면, 장수는 얼마든지 축복이 될 수 있다.

늘어난 내 인생, 뭐가 문제일까?

'70세에 나를 데리러 오거들랑 지금은 집에 없다고 전해다오, 80세에 나를 데리러 오거들랑 지금은 너무 이르다고 전해주오, 90세에 나를 데리러 오거들랑 그렇게 재촉하지 말라고 전해주오, 100세에 나를 데리러 오거들랑 알아서 가겠다고 전해주오.'

얼마 전 TV 프로그램에서 누군가 아리랑의 후렴을 이렇게 바꿔 부르는 것을 듣고, 나도 모르게 피식 웃은 적이 있다. 누군지는 몰라도 오래 살고 싶어 하는 인간의 심리를 실감나게 표현했다는 생각이 들었다.

사실 나만 해도 그렇다. 최근에는 문상을 가도 돌아가신 분의 연세가 80대 초반이면, 왠지 아쉬운 마음이 앞선다. 예전 같으면 충분히 살 만큼(?) 사시고 돌아가신 나이인데, 요즘에는 90은 넘어야 가실 때가 되어서 가셨다는 기분이 드는 것이다.

하지만 오래 산다고 마냥 좋아할 수만은 없는 노릇. 앞의 노래가사와 달리, 현실에서는 '너무 오래 살지도 모르는 위험'을 걱정하는 사람들이 점점 늘어나고 있다. 조금 극단적으로 말하자면, 일찍 죽는 것보다 오래 사는 것을 걱정하는 시대가 올지도 모른다. 그러나 중요한 것은 오래 산다는 사실이 아니라, 늘어난 수명이 우리 인생을 어떻게 바꿀 것인가다. 이제는 얼마나 살 것인지보다 어떻게 살 것인지를 고민해야 한다. 지금부터 그에 대한 이야기를 해보자.

정말 생각보다 오래 산다

직업의 특성상 여러 단체나 기업에서 자주 강의를 하는 편이다. 아무래도 종사하는 분야가 노후 관련이다 보니, 노후설계나 투자교육이 주된 주제가 된다. 강의를 시작할 때마다 어김없이 하는 질문이 있다.

"여러분, 투자를 왜 하십니까?"

그럼 약속이나 한 것처럼 똑같은 대답이 돌아온다.

"돈 벌려고 하지요, 뭐 다른 이유가 있나요?"

반면 미국처럼 비교적 투자교육이 제대로 된 국가에서 이런 질문을 하면, 전혀 다른 답변이 돌아온다고 한다. 대답인즉슨 '노후'를 위해 투자한다는 것이다.

그런데 우리나라에서는 이러한 이야기를 하면, 의아함을 넘어서 시큰둥한 표정을 짓는 이들이 적지 않다. 사회 초년생일수록 더더욱 그렇다. 이제 막 직장생활을 시작한 처지에, 당장 결혼자금도 없는데 무슨 노후 타령이냐는 것이다. 노후준비는 나이든 사람들이나 하는 것 아니냐고 반론을 제기하는 이들도 있다.

하지만 미국의 경우, 나이든 투자자뿐 아니라 학교를 갓 졸업하고 사회에 막 발을 디딘 젊은이들까지 노후를 위해 투자한다고 대답을 한다. 어째서 젊은 시절부터 노후를 준비해야 하는지, 그 이유와 중요성에 대해 우리보다 훨씬 깊게 실감하고 있는 것이다.

노후라는 말에서 저항감이 느껴진다면, 대신 '후반 인생'이라는 말을 써보자. 하루라도 빨리 후반 인생을 준비해야 하는 가장 큰 이유는, 우리의 수명이 훌쩍 늘어났기 때문이다. 우리는 이제 정말 생각보다 오래 산다.

간혹 혼자 살던 노인이 세상을 떠난 지 몇 달이 지나서야 발견되었다는 뉴스를 접할 때가 있다. 그럴 때마다 일본에서는 이런 사건이 너무 흔해서 더 이상 신문에 나지도 않는다며 안타까워하던 일본인 친구의 말이 떠오른다.

최장수국가로 꼽히는 일본은 1970년 65세 이상의 고령인구 비율이 7%를 넘는 고령화 사회에 진입한 이래, 36년 만에 고령인구 비율이

20%를 넘는 초고령 사회로 진입했다. 세계에서 가장 먼저 초고령 사회로 진입한 케이스다. 프랑스 같은 경우는 이 기간이 156년 정도가 될 것으로 예상되는데, 이것만 봐도 일본의 고령화 속도가 얼마나 빠른지를 알 수 있다. 정부가 주도적으로 나서서 고령화 대책을 마련했다고는 하지만, 아무리 노력해도 가는 세월을 막을 수는 없는 법. 노인을 부양해야 하는 젊은이들의 부담을 생각하면, 일본 정부와 국민의 시름은 점점 깊어질 수밖에 없을 것이다.

하지만 우리의 상황은 훨씬 더 심각하다. 2000년 고령화 사회에 진입했는데, 26년 후인 2026년에는 초고령 사회에 들어설 것으로 예상된다. 주요국 중에서 가장 빠른 고령화 속도다. 전문가들에 의하면 10년 후 우리나라는 핵심생산인구(25~49세)에 속하는 젊은이 2명이 노인 1명을 부양할 것으로 전망됐다. 보건사회연구원에 의하면 2050년 한국의 고령화율(전체인구 대비 65세 이상 노인 비율)은 37.4%까지 상승해, OECD 국가 중 고령화율이 가장 높은 일본(38.8%)과 격차가 거의 없을 거라고 한다. 일본이 빨리 '늙은 국가'라면, 우리는 빨리 '늙어가는 국가'인 셈이다. 지금 추세대로 65세 이상의 인구가 빠르게 증가한다면, 2050년에는 10명 중 4명이 노인인 고령 사회에 접어들 것이다.

국내 최고의 인구통계 전문가로 꼽히는 고려대학교 박유성 교수가 발표한 '연령대별 100세 도달 가능성'(2011년)에 의하면, 1945년생 생존자 중에서 100세까지 살 가능성은 남자가 23.4%, 여자가 32.3%였다. 1958년생의 경우 남자는 43.6%, 여자는 48%, 즉 절반 가까이가

97세까지 살 수 있을 거라고 한다. 특별한 사고를 당하거나 큰 질병에 걸리지만 않는다면, 100세까지 사는 것이 기정사실화된 셈이다.

장수 리스크, 해답은 있다

이러한 현실을 반영이라도 하듯, 몇 년 전부터 장수 리스크Risk라는 말이 언론에 자주 오르내리기 시작했다. 한마디로 오래 사는 게 위험하다는 얘기다. 그렇다고 해서 '거봐, 오래 살아서 좋을 거 없다니까. 골골거리면서 오래 사는 거보단 빨리 죽는 게 낫지'라는 식의 부정적인 생각은 금물이다.

리스크는 단순한 위험과는 다르다. 앞으로 어떻게 될지 모르는 것, 즉 불확실성이 바로 리스크다. 가령 주식에 투자해 이익을 볼 수도 있지만, 손해를 볼 수도 있는 것이 리스크다.

인생을 살다 보면, 수많은 선택에 부딪힌다. 어떤 전공에 어느 정도 수준의 학교에 지원할지, 학교를 졸업한 후 취직을 할지 창업을 할지, 배우자는 어떤 사람을 고를지 등등 끊임없이 선택을 해야 한다. 특히 요즘처럼 평생직장의 개념이 사라져가는 시대에는, 직업과 관련해 언제 어떤 선택을 하게 될지 모른다. 물론 모든 선택에는 리스크가 따른다. 어찌 보면 인생 자체가 리스크의 연속이라 해도 과언이 아니다.

풍요로운 인생을 살고 싶다면, 리스크를 피하기보다 적극적으로 받아들여야 한다. 후반 인생이 인생의 절반을 차지하는 지금, 이제는 노후설계와 생애설계를 구분하는 게 무의미하다. '생애설계Life Planning'를 기반으로 젊었을 때부터 그에 맞는 준비를 시작하면, 장수는 얼마든지 축복이 될 수 있다.

후반 인생에서 가장 중요하다고 해도 과언이 아닌 '노후자금'을 예로 들어보자. 최근 첨예한 논란거리가 된 국민연금의 경우, 30대 초반의 전업주부가 매달 89,100원씩 불입하면 63세부터 매달 46만 원을 손에 쥐게 된다. 여성의 평균수명인 84세까지 받는다고 가정하면, 낸 돈의 4.05배를 받는 셈이다. 많은 돈은 아니지만, 결코 무시할 수 없는 액수다.

자산을 형성하는 방식, 즉 돈을 모으는 법이 예전보다 복잡해진 것도 노후를 일찍 준비해야 하는 이유다. 과거에는 돈을 모으는 방식 자체가 복잡하지 않았다. 수십 년 동안 두 자릿수 금리가 지속되어왔기 때문에, 여유자금은 금융기관에 넣어만 두면 빠른 속도로 불어났다. 어느 정도 목돈이 생기면, 그 돈과 금융기관에서 받은 대출금을 합해 집이나 땅을 사면 노후준비는 끝난 거나 마찬가지였다. 부동산 가격이 장기간 꾸준히 올랐기 때문이다.

그러나 금리와 집값이 하루가 다르게 떨어지는 지금, 우리를 둘러싼 모든 환경은 완전히 달라졌다. 과거의 방식이 더 이상 통용되지 않는 시대가 된 것이다. 이제는 젊은 시절부터 투자와 노후에 관한 대비를 꾸준히 해야 여유로운 후반 인생을 보낼 수 있다.

강의나 세미나를 하다 보면, "노후자금으로 대체 얼마가 있어야 할까요?"라고 묻는 이들이 많다. 그러나 단적으로 말하자면 후반 인생이 길어진 지금에는, 몇 억이라는 돈을 모으는 것보다 세상을 떠날 때까지 매달 기초 생활비를 확보하는 것이 훨씬 중요하다. 연금이 바로 그러한 예인데, 단기간 불입해서는 필요한 액수만큼 받기 어려운 것이 단점이다. 직장 초년생 시절부터 최소한 20~30년 이상은 불입해야 후반 인생에 요긴하게 쓸 수 있다.

노후자금뿐 아니라 후반 인생에 필요한 모든 준비 역시 마찬가지다. 아무리 착실히 계획을 세웠다 해도 갑작스런 변화 앞에서는 당황할 수밖에 없기에, 젊은 시절부터 차근차근 준비해야 한다.

입구관리보다
출구관리에 힘써라

젊은 세대야 사회 초년생 시절부터 꾸준히 준비하면 된다지만, 어느 정도 나이가 든 이들은 어떻게 후반 인생을 준비해야 할까. 취직을 하고 결혼도 하고 아이를 키우며 정신없이 살다 보면, 준비는커녕 어느덧 나이를 먹어버리는 것이 우리네 현실이다.

"올해 제 나이가 60인데요, 그동안 열심히 자식들 키우다 보니, 모아놓은 돈이 5,000만 원밖에 안 되더라고요. 이 돈을 잘 굴려서 퇴직 후 30~40년 동안 먹고살 수는 없을까요?"

많은 이들이 이러한 질문을 하곤 한다.

하지만 아무리 재테크의 고수라 해도, 5,000만 원으로 수십 년 동안 쓸 생활비를 마련하기란 하늘의 별따기다. 안타깝지만 정상적인 방법으로는 불가능하다고 봐야 하지 않을까? 그나마 이런 경우는 사정이 나은 편이다.

통계청이 발표한 2012년 가계금융조사에 의하면 전국 베이비부머 세대(1955~63년생)의 가구당 평균 총 자산액은 4억 200만 원이고, 여기에서 평균 부채액 7,300만 원을 뺀 순자산은 3억 2,900만 원이었다. 50대 후반에 3억 2,900만 원 정도의 재산을 보유하고 있으니, 그럭저럭 노후를 여유롭게 보낼 수 있을 거라 볼 수도 있다. 그런데 사정을 들여다보면 3억 2,900만 원 중에서 거주용 부동산, 즉 살고 있는 집이 3억 400만 원이었다. 집값을 제외하면 고작 2,500만 원을 손에 쥐고 있는 셈이다. 2,500만 원으로 어떻게 30~40년간의 생활비를 충당한단 말인가. 결국 집을 팔아야 하는데, 베이비부머세대가 모두 집을 내놓기 시작하면, 우리나라 집값은 어떻게 될 것인가.

대부분의 가정이 이러한 형편인데도, 금융기관에서는 '평안한 노후를 보내려면 10억 원은 있어야 한다', '최소한 7억 원은 필요하다'는 식의 자료를 발표하고, 언론에서는 이를 인용해 보도하곤 한다. 물론 그만큼 미래를 미리미리 준비하라는 뜻이겠지만, 서민들 입장에서 보면 엄두도 나지 않을 금액이다. 상황이 이렇다 보니 단기간에 돈을 불리려는 유혹에 넘어가는 이들도 종종 보게 된다. 이런 불안 심리를 이용해 한때 서점가에는 '재산 ○배로 불리기'나 '10억 만들기' 등등 재테크 광풍이 불기도 했다. 한 번에 큰돈을 벌 수 있다고 유혹하는 기획부동산 사기는 여전히 기승을 부리고 있다.

서울에서 4년 동안 특파원으로 일하다 귀국한 일본의 언론인이 우리의 이러한 모습을 보고는 내게 다음과 같은 이야기를 한 적이 있다.

"한국 사람들은 돈을 버는 것, 즉 입구(入口)관리에는 참으로 열심인 것 같습니다. 그런데 나이가 들어 벌어 놓은 돈이 모자랄 경우에는 어떻게 그 환경에 맞추어 살 것인지, 그리고 부자가 됐을 때 그 돈을 어떻게 아름답게 쓸 것인지, 즉 출구(出口)관리에 대해서는 전혀 배우지 못한 듯합니다. 가정에서도 학교에서도 사회에서도 이런 내용을 가르치지 않는 것 아닌가요?"

이 말을 듣는 순간, 한편으로는 불쾌하면서도 한편으로는 얼마나 얼굴이 화끈거렸는지 모른다. 우리 사회 분위기를 볼 때 그의 말이 크게 틀린 것 같지 않았기 때문이다.

'노후설계 전문가'로 일해온 개인적인 경험에 비추어보건대, 돈은 어떻게 버는지도 중요하지만 어떻게 쓰는지가 훨씬 더 중요한 것 같다. 벌이가 없는 정년 후일수록 더더욱 그러할 것이다. 조금만 절약하면 현역 때와 별다른 차이 없이 살 수 있는데도, 무리하게 재테크를 해서 재산을 늘리려는 이들이 의외로 많다. 초라해 보이고 싶지 않은 마음이야 충분히 이해가 되지만, 자신의 형편을 생각지 못하고 남들 눈을 신경 쓰다 무리한 길에 발을 들여놓는 이들을 볼 때마다 안타까운 마음이 앞선다. 다시 한 번 말하지만 노후자금을 모으는 것 못지않게, 노후자금을 어떻게 쓸 것인지도 대단히 중요하다.

자산설계? 지출부터 줄여라

퇴직 후 이렇다 할 계획도 없이 자영업에 무조건 뛰어들었다가 실패하는 이들도, 평소 '출구관리'에 대해 배우지 못한 우리네 현실을 보여주는 예일 것이다. 우리나라에서 음식점은 스물다섯 가구당 하나에 달할 정도로 포화상태라고 한다.

경쟁이 치열한 줄 알면서도 너도나도 치킨집이나 커피숍, 음식점에 뛰어드는 이유는, 별다른 기술이 필요 없어서이기도 하지만 한마디로 돈 때문이다. 후반 인생에서 가장 큰 문제가 되는 것은 역시 돈이다. 소득이 눈에 띄게 줄어들 수밖에 없으니 말이다.

미래에셋은퇴연구소가 수도권에 거주하는 55세 이상 정년퇴직자 500명을 대상으로 가계소득 수준을 조사한 바에 따르면, 퇴직 전 평균 321만 원에서 퇴직 후에는 평균 181만 원으로 줄어든 것으로 나타났다. 퇴직 전의 56% 정도밖에 안 되는 금액이다. 조사 대상의 43%는 퇴직 전의 절반에도 미치지 못했다.

이렇게 수입이 줄어들면 그에 따라 지출도 줄어야 하는데, 현실은 말처럼 쉽지 않다. 회사를 그만두면 돈 쓸 곳도 자동적으로 줄어들 것 같은데, 한 번 올라간 생활수준을 낮추는 데는 상상 이상의 고통이 따른다. 그래서 씀씀이를 줄이려는 노력보다는 수입을 늘리는 법, 그중에서도 단기적인 재테크로 생활비를 마련하는 데 관심을 갖는 이들이 많은 듯하다.

그러나 금융시장에 오랫동안 몸담아온 경험을 참고해보면, 단기적인 재테크로 돈을 벌기란 성공할 확률보다 실패할 확률이 훨씬 높다. 현역 시절에야 혹여 재테크에 실패하더라도 만회할 시간이 있지만, 정년 후에는 그럴 시간도, 기회도 거의 없다. 재테크로 수입을 늘리는 법을 고민하기 전에 지출부터 줄여야 하는 이유다.

노후설계를 주제로 한 강의에서 이런 이야기를 꺼내면, 실망스러운 표정을 내비치는 사람들이 적지 않다. '재테크로 돈 버는 법을 배우러 왔는데, 내가 왜 여기까지 와서 누구나 아는 이야기를 들어야 하지?' 하는 표정이랄까. 지출을 관리하는 것이 얼마나 중요한지를 한 번이라도 겪어보았다면, 그런 표정을 짓지 못했을 텐데 말이다.

지출 금액은 자신의 의지로 관리할 수 있다. 반면 금리나 주가는 그 누구도 컨트롤할 수 없다. 수입 또한 노력한다고 해서 무작정 늘어나는 것은 아니다. 결국 자신의 힘으로 관리할 수 있는 것은, 가계 지출을 줄이는 것뿐이다.

'절약'이라는 전략은 중요한 투자법이기도 하다. 절약하지 않는 것은, 가장 투자효율이 높은 투자상품을 눈앞에 두고도 외면하는 것과 같다. 예를 들어 1만 원을 써야 하는 일인데 9,000원으로 해결했다면, 그 순간 그렇게 하지 못한 사람에 비해 10%의 수익률을 달성한 셈이다. 리스크 없이 이런 고수익을 낼 수 있는 금융상품은 세상 어디에도 없다. 게다가 금리나 주가가 어떻게 움직이든 상관없지 않은가. 절약이야말로 가장 확실한 자산운용 방법이다.

가령 자녀들을 모두 출가시킨 부부가 대출금도 갚지 못했는데 큰 평수의 집에 살고 있는 경우라면, 더더욱 구조조정을 서둘러야 한다. 대형 아파트로 인해 늘어나는 생활비도 문제지만, 장기적으로 봤을 때 대형 아파트 가격 전망이 밝지 않기 때문이다. 2035년에는 우리나라 전체 가구 중 1인 가구와 2인 가구를 합한 비율이 68%로 늘어날 거라는 통계 역시 이러한 전망을 뒷받침하고 있다.
　그 외에도 1년에 한두 번 쓸까말까 하는 골프 회원권, 거의 수익이 나지 않는 금융자산 등은 매각해서 반드시 부채를 정리하는 데 써야 한다. 후반 인생의 자산관리는 가계의 구조조정에서부터 시작해야 한다는 사실을 꼭 기억하자.

퇴직 후 '손익계산서'를 만들어라

하지만 아무리 아껴 쓴다고 해도 한계는 있는 법. '몇 살까지 건강하게 살 것인가, 세상을 떠나기 전에 돈이 다 떨어지면 어떻게 할 것인가' 하는 불안감은 도무지 해소하기 어렵다. 앞에서도 말했듯이 현역 시절부터 착실히 준비하지 않으면, 풍요로운 후반 인생은 요원한 법. 제법 많은 재산을 가지고 있다 해도, 정년 후 일정한 소득을 얻으려면 치밀한 계획을 짜야 한다.
　퇴직 후 자산관리에서 가장 먼저 염두에 두어야 할 것은, 퇴직 후 인생은 상상 이상으로 길고 여유 자금은 상상 이상으로 적다는 점이다. 퇴직할 때까지 모아놓은 돈과 퇴직금을 합한 돈을 전부 여유자금으로 볼 수 없기 때문이다. 현역 시절에 모아놓은 금액에 따라 다르겠지만, 운용 가능한 것은 그 금액의 일부라고 봐야 한다.

그렇다면 운용 가능한 금액을 어떻게 계산하면 좋을까? 먼저 퇴직 후 수입과 지출의 흐름을 한눈에 알아볼 수 있도록, '손익계산서'부터 작성해보자.

퇴직 후 얻을 수 있는 수입은 각종 연금(국민연금, 퇴직연금, 개인연금 등)과 재취업을 했을 경우 받게 될 근로소득, 부동산·금융자산에서 발생하는 자산소득 등이다. 다음으로 퇴직 후 얻을 수 있는 수입이 매달 필요한 생활비보다 적을 경우, 모자라는 금액은 보유자산을 헐어서 충당해야 하므로, 헐어서 쓸 수 있는 자산이 얼마나 되는지를 파악해야 한다. 이때 보유자산 중에서 정리할 필요가 있는 자산과 부채를 찾아 동시에 줄이고, 남는 자금을 생활자금, 목적자금, 여유자금으로 나누어 관리하자.

'생활자금'은 말 그대로 일상에서 생활하는 데 쓰이는 자금이다.

'목적자금'이란 자녀 결혼자금, 주택 수리자금, 해외여행 자금 등으로, 필요할 때 그때그때 마련하기보다 미리미리 계획을 세워 준비해야 한다. 이런 자금은 기간이 짧은 우량 채권이나 공사채 펀드처럼, 원금 손실 위험이 낮은 상품에 넣어두는 것이 좋다.

'여유자금'은 생활자금과 목적자금을 제하고 남는 자금이다. 리스크가 따르더라도 고수익이 기대되는 상품에 투자할 수 있으므로, 자신의 기대 수명 등을 고려해 합리적인 목표를 세우고 주식형 펀드와 채권형 펀드 등으로 분산해서 운용해야 한다.

이때 하나 염두에 두어야 할 것은, 노후자금을 준비하는 방법이다. 기존의 노후준비가 남편 중심이었다면, 이제는 혼자 살게 될 가능성이 높은 아내를 배려하는 형태로 바뀌어야 한다. 여성이 남성보다 7년 정도 오래 살고, 일반적으로 남편이 아내보다 세 살 정도 많다는 점을 고려하면, 확률적으로 여성들은 남편이 세상을 떠난 후 10년 정도는 혼자 살아야 한다는 계산이 나온다.

실제 우리나라나 일본을 봐도 혼자 사는 노인의 80% 이상이 여성이다. 따라서 아내가 혼자 남아 살게 될 경우를 생각해 미리미리 준비를 해둬야 한다.

아내를 수령자로 하는 연금에 가입하는 것도 좋은 방법이다. 종신형 연금의 경우, 아내는 세상을 떠날 때까지 계속해서 연금을 받을 수 있다. 앞에서도 말했듯이 특별히 경제활동을 하지 않는 아내가 국민연금에 가입하지 않았다면, 서둘러 가입시킬 필요도 있다. 국민연금은 평생 수령할 수 있을 뿐 아니라, 물가상승에 비례해 연금 수령액이 어느 정도 늘어난다는 장점을 갖고 있다. 최근 국민연금의 연금재원 고갈시기 등을 두고 논란이 일고 있지만, 확실한 노후 대비책인 것만은 틀림없다. 남편이 종신보험을 들어두는 것도 아내를 위한 노후 대비가 될 수 있다. 남편이 사망할 경우 받게 될 보험금으로 홀로 남겨진 아내의 노후 생활비를 충당할 수 있기 때문이다.

　의료비 마련을 위해 의료실비보험을 드는 것도 필수다. 의료실비보험은 병원비 중 건강보험에 해당하는 의료실비의 90%를 보험금으로 지급해주므로, 불의의 사고나 질병을 당했을 때 병원비를 마련하는 데 큰 도움이 된다. 병원비에 비례해 보험금이 지급되기에 인플레이션을 걱정하지 않아도 되는 것도 장점이다.

혼자 사는 노후, 어떻게 대비할 것인가

줄어든 소득, 줄지 않는 생활비도 큰 문제지만, 혼자 살지도 모르는 이들이 늘어나고 있는 것도 결코 가볍게 볼 수 없는 이슈다.

우리나라의 혼자 사는 노인(65세 이상 인구)의 수는 2000년에 54만 명이었던 것이 2011년에는 112만 명으로, 10년 사이에 2배 넘게 늘어났다. 전체 노인인구 중에서 혼자 사는 노인이 차지하는 비율은 무려 20%에 이른다. 5명의 노인 중 1명이 혼자 사는 셈이다. 참고로 2010년 말 일본의 독거노인 수는 465만 명으로, 65세 이상 노인의 16%를 차지한다고 한다.

혼자 사는 노인의 수만 놓고 보면, 일본에 비해 그리 많지 않다고 볼 수 있다. 우리나라의 노인인구 비율(11%)이 일본(23%)의 절반 수준에도 미치지 못하기 때문이다. 다만 여기서 주목할 점은 전체 노인 인구 중에서 혼자 사는 노인의 비율이 우리나라(19%)가 일본(16%)보다 훨씬 높다는 것이다. 참고로 75세 이상의 후기 노령기 인구 비율을 보면 우리나라가 4%인데 비해 일본은 11%다. 그런데도 혼자 사는 노인의 비율이 일본보다 높은 것이다. 후기 노령기로 갈수록 혼자 사는 노인의 수가 빨리 늘어난다는 점을 감안할 때, 10~20년 후 우리나라에 혼자 사는 노인들이 얼마나 늘어날지는, 굳이 따져보지 않아도 알 수 있을 것이다.

늘어나는 1인 가구, 싱글의 시대

예전에는 원래 결혼을 안 했거나 자식들과 같이 살 수 없는 사정 때문에, 할 수 없이 혼자 사는 노인들이 대부분이었다. 그러나 최근에는 자식들이 같이 살자고 하더라도, 부모가 자진해서 혼자 사는 경우가 많이 늘어나고 있다.

2010년 서울시가 65세 이상의 고령자를 대상으로 노후에 홀로 남았을 때 살고 싶은 주거형태를 조사한 바에 따르면, 자녀와 가까이 있되 독립된 공간에서 살고 싶다는 대답이 45%, 노인전용공간에서 살고 싶다는 대답이 31%를 차지했다. 80% 가까이가 자녀와 따로 살기를 원한 것이다.

그 이유는 무엇일까? 우선은 삶의 형태가 과거와 크게 달라졌다는 점을 들 수 있다. 핵가족이 일반화되면서 각자 독립적으로 사는 기간이 길어진 만큼, 가족이라고 가치관이 같거나 라이프스타일이 잘 맞는 것은 아니다. 서로 생각이 다른 세대가 한집에 모여 살면, 일상에서도 사소한 갈등을 빚기 쉽다.

부모들의 경제력도 무시할 수 없는 요인이다. 지금 퇴직했거나 퇴직을 앞둔 50~60대는 1970~80년대에 경제성장을 주도하며 부를 축적해온 세대다. 굳이 자녀들의 도움이 없어도 생활하는 데 문제가 없다고 믿는 것이다.

평생 결혼을 하지 않은 채 노년을 맞는 사람들도 급속하게 늘어나고 있다. 1980년만 해도 0.4%에 지나지 않았던 생애미혼율(50세까지 한 번도 결혼하지 않은 사람의 비율)은 2010년 5%까지 늘어났다. 참고로 일본의 생애미혼율(2010년)은 남자 20%, 여자 11%에 이를 정도로 높다. 최근 젊은 세대들의 결혼 기피현상을 감안하면, 우리나라 역시 이 비율은 더욱 높아질 것으로 보인다.

황혼이혼의 증가도 혼자 사는 노인의 증가를 부추기고 있다. 이른바 돌아온 싱글(돌싱)의 수만 봐도 1980년에는 12만 명이었던 것이 2010년에는 161만 명으로, 30년 사이에 13배나 늘어났다. 앞으로도 이런 추세는 쉽게 멈추지 않을 것이다. 100세 시대를 맞아 후반 인생이 길어지면서, 더 늦기 전에 혹은 늦게라도 나만의 인생을 찾겠다는 사람들이 늘어나고 있기 때문이다.

이러한 이유들로 인해, 앞으로 우리사회에서 '혼자 사는 노후'는 삶의 주된 형태로 자리 잡게 될 것이다. 누구나 언젠가는 싱글이 될 수 있다는 사실을 염두에 두어야 한다. 그렇다고 혼자 사는 삶이 나쁘다고만 생각하는 것은 아니다. 과거 농촌에서 도시 주도형 삶으로 옮겨갈 때 핵가족화 문제를 우려하는 시각이 많았지만, 핵가족은 새로운 가족형태로 자리를 잡았다. 혼자 사는 삶도 마찬가지 형태가 될 것이다. 따라서 혼자 살게 될지도 모르는 노후에 대해 어두운 이미지를 버리고 긍정적으로 대처할 필요가 있다. 누구나 언제든지 혼자 살 수 있다는 마음가짐을 갖고 젊은 시절부터 준비만 제대로 해나간다면, 얼마든지 즐겁고 보람 있는 후반 인생을 살아갈 수 있다.

혼자 사는 노후를 대비하기란 그리 어렵지 않다. 우선 혼자 살게 되더라도 외부와 단절된 생활을 하지 않는 것이 중요하다. 자신에게 맞는 취미생활이나 사회에 기여할 수 있는 일을 찾음으로써, 새로운 공동체에 편입하기 위한 노력을 해야 한다. 자녀와 같이 살기를 원하지 않는다면, 외로움과 기쁨을 나누는 데 이웃만 한 존재는 없다. 이웃이 최고의 복지시설이자 믿고 기댈 안식처인 셈이다.

다음으로 염두에 두어야 할 것이 주거형태다. 우리는 나이가 들어서 경제적인 여유가 있으면, 어느 정도 큰 평수의 집에 살아야 한다고 생각하는 경향이 있다. 하지만 우리보다 고령화 사회를 일찍 경험한 일본에서는 노부부만 살거나 사별해 혼자 사는 경우, 18~20평의 소형 평수를 선호한다고 한다. 한적한 외곽이나 경치 좋은 시골보다 도심을 선호하는 것도 눈에 띄는 점이다. 결국 나이가 들수록 쇼핑, 의료, 취미, 오락 등을 모두 가까운 거리에서 해결할 수 있는 주거형태를 선호하는 것이다.

우리나라도 그렇지만 일본에서도 대형 마트가 들어서면서 주택가의 작은 가게들이 사라져가는 현상이 나타나고 있다. 그러다 보니 두부 한 모 사려고 2Km나 걸어가야 하는 일도 생긴다고 한다. 먼 거리를 힘들게 걸어가서 물건을 사느니 아예 물건 사는 것을 포기하는 사람들도 생겨났다. 이러한 사람들을 가리켜 '구매난민'이라고 부를 정도다. 우리나라에도 이런 일이 일어나지 말라는 법이 없지 않은가.

앞에서도 잠깐 언급했지만, 대형 아파트의 가격 전망이 밝지 않은 것 역시 큰 평수를 피해야 할 이유 중 하나다. 통계청이 실시한 2010년 인구총조사 잠정결과에 따르면, 우리나라 전체 가구 가운데 1~2인 가구의 비율은 1980년에 15.3%를 차지하던 것이 2010년 48.2%까지 늘어났다. 2035년에는 68% 정도까지 늘어날 것으로 예측하고 있다(참고로 일본의 1~2인 가구 비율은 2005년 56%를 기록했으며, 현재는 60%를 넘어선 것으로 추정된다). 2~3년 전부터 중소형 아파트의 전세가격은 치솟고 있는 반면, 대형 아파트의 전세가격은 꾸준한 하락세를 보이는 것도 이러한 현상과 무관하지 않을 것이다. 향후 대부분의 가정이 혼자 아니면 둘이 사는 형태가 될 것으로 예측되기에, 노후에 대형 아파트를 구입할 때는 더더욱 신중해야 한다.

친화력보다 '고독력'을 키워라

배우자와 사별하는 경우가 아니라도, 후반 인생이 길어지면서 혼자 보내야 할 시간 역시 점점 늘어나기 마련이다. 이때 경제적인 능력 못지않게 중요한 것이, 홀로 보내는 시간을 정신적으로 건강하게 즐기는 능력이다.

나는 가끔 후배들과의 회식자리에서 "50대가 되면 혼자 점심을 먹을 수 있는 습관을 키우라"는 반농담조의 조언을 하곤 한다. 세월의 두께가 쌓이고 나이가 들면서 남의 눈을 의식하지 않고 혼자 점심을 먹을 수 있는 용기(?)가 얼마나 중요한지를 깨닫게 되었기 때문이다.

대우증권에서 임원으로 승진하고 난 후였다. 임원이 되면 독방을 쓰게 된다. 독방에 앉아 바쁜 일처리를 하다 보면 약속을 미처 잡지 못한 채 점심시간이 되어 외톨이로 남을 때가 있다. 옆방의 임원에게 난처한 심정을 털어놓았더니, 지금도 기억에 생생할 만큼 인상적인 조언을 해주었다. 그는 그러한 일을 당하지 않기 위해 점심약속부터 하고 하루 일과를 시작한다는 것이다. 직장인에게는 점심시간에 외톨이가 된다는 것이 엄청난 스트레스라 해도 과언이 아니다.

그때 겪었던 일이다. 가끔 아침에 사장님으로부터 전화가 걸려올 때가 있다. "오늘 점심약속 있어?"라는 전화다. 아마 그분이 점심약속이 없거나 취소되었기 때문에 걸어온 전화였을 것이다. 그런데 임원쯤 된 사람이 아주 특별한 경우가 아니면 당일 아침까지 점심약속이 없을 리 없다. "저 약속 있는데요?" 이런 일을 몇 번 당하고 나면 마음이 영 찜찜하다. '이러다가 사장님한테 미움을 사는 거 아닐까?' 하는 불안함마저 든다.

그 무렵부터 나는 조금은 독특한(?) 결심을 했다. "저 분의 나이가 되면 절대로 일주일 후에 할 약속이 아니면 후배에게 점심약속이 있느냐고 물어보지 말아야지."

후배의 입장에서 생각해보라. 상사의 제안에 응하지 못하는 후배의 마음은 얼마나 부담스럽겠는가. 이러한 결심 끝에 나는 몇 년 전부터 점심약속이 없거나 취소되면, 다른 사람에게 전화를 걸 생각도 하지 않고 과감하게 혼자 먹는다. 사실 집에서 혼자 점심을 먹는 건 어렵지 않다. 보는 사람이 없으니까. 문제는 보는 사람, 아는 사람이 많은 데서 혼자 먹을 경우다. 이때는 대단한 용기가 필요하다.

나는 내가 근무하는 사무실 근처에서 혼자 점심을 자주 먹는 걸로 소문이 나 있다. 약속이 없거나 취소되면, 사무실 근처에 점심을 같이 하겠느냐고 전화해 볼 내 나이 또래의 사람이 없기 때문이다.

언젠가는 아는 사람이 우연히 내가 혼자 점심 먹는 걸 보고 내 아내에게 이른 모양이다. "당신 남편이 ○○에서 혼자 점심 먹고 있던데…?" 그날 저녁 집에 돌아가서 아내에게 된통 야단을 맞았다. "아니, 어떻게 동네 창피하게 혼자 밥 먹고 있는 거야? 앞으로 혼자 밥 먹다가 걸리기만 해 봐."

대체 혼자 밥 먹는 것이 뭐가 어떻다는 말인가? 이웃나라 일본만 해도 혼자 밥을 먹고 먼 산을 바라보고 있는 사람이 오히려 멋있어 보인다고 한다. 뭔가 대단한 생각을 하는 사람 같기도 하고.

그런데 우리나라 사람들은 혼자 밥 먹기를 꺼리는 것 같다. 혼자 식사를 하면 괜히 이상한 사람처럼 보이진 않을까, 심지어 왕따라도 당하는 것처럼 생각하는 이들도 있다. 남의 눈을 의식하지 않기란 좀처럼 쉽지 않다. 왠지 혼자 무언가를 하는 것이 초라하게 느껴지기 때문이다. 그럴 때마다 도움이 되는 말이 있다.

대학 시절 다니던 경동교회의 강원룡 목사님으로부터 들은 얘기인데, 목사님이 해주신 설교의 전후 맥락은 전혀 기억나지 않지만 이상하게도 오로지 한 문장만 생각난다. 바로 프랑스 철학자 장 폴 사르트르의 말이다.

"인간은 타인의 눈길에서 지옥을 경험한다. 남의 눈을 의식하는 데서 벗어나는 게 얼마나 중요한지 모른다."

이 말은 회사를 다니면서 외로움을 느끼거나 힘들 때마다 동반자가 되어주었고, 나이가 든 지금은 더욱 더 든든한 동반자로 함께하고 있다.

나는 비사교적이어서인지 몰라도 혼자 있는 것에 익숙한 편이다. 증권업계에서도 마케팅, 펀드 매니저, 애널리스트 등 사람을 만나는 업무를 하기보다 후방에서 일을 하다 보니, 자연스레 내가 비사교적이라는 것을 알게 되었다.

하지만 무슨 일이든 장점과 단점이 있는 것 같다. 비사교적인 성격은 사회생활을 할 때는 불편한 점이 많지만, 또 다른 면에서는 고독력을 키워주는 계기가 되어주었으니 말이다. 말이 쉽지 남의 눈을 의식하지 않는 데는 대단한 용기가 필요한데, 선천적으로 비사교적인 터라 남의 시선에 흔들리지 않고 일을 할 수 있었던 것 같다.

말이 나온 김에 '고독력'에 대한 이야기를 좀 더 해볼까 한다. 고독력은 단순히 외로움을 견디는 능력이 아니다. 어찌 보면 '고독력'이야말로 인생 100세 시대에 반드시 필요한 삶의 경쟁력이라 할 수 있을 것이다. 현재 우리나라의 가족관계는 수명이 길어지면서 근본적인 변화가 일어나고 있다. 산업화로 인해 대가족제가 핵가족제로 바뀌었고, 다시 고령 사회로 넘어가면서 핵가족제가 1인가족 등으로 대체되고 있다. 바야흐로 '싱글의 시대'가 도래하는 것이다. 더구나 특별한 사고만 없으면 대부분 100세까지 살게 되면서, 혼자 사는 능력이 어떠한 노후 대비 못지않게 중요한 덕목으로 대두되고 있다.

나는 '고독력'을 단순히 혼자 있는 외로움을 견디는 능력과 달리, '홀로 있는 시간을 즐기고 창의적으로 활용하는 힘'으로 구별할 필요가 있다고 본다.

고독력을 키우면 많은 혜택을 누릴 수 있다. 먼저 고독력을 키우면 충분한 자기 성찰을 통해 문제 해결능력을 키우고 삶을 창조적으로 이끌 수 있다. 또한 다른 사람들에게 부담이나 피해를 주지 않고도 일상

생활을 유지할 수 있기 때문에, 품격 있는 노년을 보내는 데 유리하다.

보통 노후준비라고 하면, 돈만 생각하고 그 돈을 어떻게 마련할지에만 초점을 맞추는 이들이 대부분이다. 하지만 이러한 두려움 역시 고독력으로 상당 부분 해결할 수 있는 문제다. 고독력이 있다면 자신의 여건에 맞춰 생활할 수 있기에, 은퇴 후에도 당당하게 살아갈 수 있는 것이다.

고독력은 노후에 자식과의 관계를 유지하는 데도 큰 힘을 발휘한다. 강의를 다니면서 자식을 출가시킨 부모들에게서 자주 듣는 얘기 중 하나가, '죽기 전까지 돈을 꼭 움켜쥐고 있어야 한다. 그래야 자식들이 자주 찾아온다'는 것이다.

부모자식간의 관계가 '돈'을 중심으로 움직이는 현실도 서글프지만, 그렇다고 돈으로 모든 문제를 해결하려는 것도 좋은 방법은 아닌 듯싶다. 노인들이 돈을 다 가지고 있으면 자연히 사회경제의 활력이 떨어질 수밖에 없다. 옆 나라 일본의 경우, 금융기관에 맡겨 놓은 돈의 70% 정도가 60세 이상 노년층이 갖고 있는 자산이라고 한다.

개인적으로는 자식에게 재산을 물려줄 여유가 있다면, 자식이 조금이라도 더 필요로 할 때 물려주고 자녀가 찾아오지 않더라도 혼자 생활할 수 있는 고독력을 키우는 게 바람직하다고 생각한다. 좀 거창하게 말하자면 나이가 든 후에도 자신의 품격을 유지하면서 사회에 기여하는 일이 아닐까.

다시 한 번 말하지만 100세 시대에는 자신의 의지나 바람과 상관없이, 혼자 사는 시간이 길어질 수밖에 없다. 행복한 부부생활을 했다 하더라도, 배우자 중 한 명이 먼저 세상을 떠난다면 꿋꿋하게 홀로 삶을 꾸려가야 한다. '고독력'이 반드시 필요한 시점이다.

건강,
결코 자신하지 마라

　　부족하지 않은 생활비, 혼자 살 수 있는 능력 등을 갖췄다고 해서 풍요로운 후반 인생이 보장되는 것은 아니다. 반드시 잊지 말고 챙겨야 할 것, 아니 가장 먼저 챙겨야 하는 것이 바로 '건강'이다. 아무리 매사에 긍정적이고 능력이 출중한 사람이라도, 몸이 피곤하면 짜증부터 나기 마련이다. 취미는커녕 일상적인 생활조차 힘들어진다.

　　미국, 일본에서 조사한 바에 의하면 퇴직자의 30~40%가 퇴직 후에도 생활비가 줄어들지 않는다고 답했다고 한다. 그중 가장 큰 이유로 의료비를 들 수 있다. 고령화 국가에서는 요양원이나 유료 양로시설에서 보내는 기간이 길어지는 것도 생활비가 줄지 않는 또 다른 이유다.

더욱 우려되는 것은 노인 의료비가 지속적으로 증가하고 있다는 사실이다. 의료 기술의 발달과 의료 서비스의 접근성 확대는 인간의 수명을 연장시키는 동시에, 의료비의 급격한 증가를 불러왔다.

국민건강보험공단에서 발표한 통계에 따르면, 2003년 이후 노인 의료비는 연 평균 18%씩 증가해왔다고 한다. 2011년 '전국노인실태조사' 결과에서도, 노인 10명 중 9명은 고혈압과 당뇨병 등 만성질환을 앓고 있는 것으로 나타났다.

건강이 얼마나 중요한지는 개인적으로 뼈저리게 실감한 적이 있다. 지난 몇 년 사이에 우리 부부가 암에 걸려 투병생활을 한 것이다. 내 경우에는 회사 정기검진에서 신장암에 걸린 걸 알게 되었는데, 다행히 초기에 발견한 덕분에 왼쪽 신장을 절제하는 걸로 끝이 났다. 항암치료나 방사선치료도 받지 않아서 사회생활을 하는 데도 큰 지장은 없었다. 운이 좋았던 것이다.

문제는 아내였다. 직장암 진단을 받았는데 항암치료 후 수술을 하여 회복되는가 싶더니, 이번에는 폐로 전이가 되었다. 다시 수술을 하고 오랜 기간 항암치료를 받는데, 얼마나 고통스러운 나날을 보냈는지 모른다. 암 환자의 경우 밤이 되면 유독 고통이 극심해진다. 자녀들은 모두 결혼해서 독립해 살고 있었기 때문에 마땅히 돌봐줄 사람도 없었다. 간병인의 도움을 받기도 했지만, 오히려 돈으로 모든 걸 해결할 수 없다는 사실을 뼈저리게 깨닫는 계기가 되었다. 가령 항암치료를 받는 암 환자의 경우 화장품 냄새를 맡으면 힘들어할 때가 많은데, 그렇다고 여성인 간병인에게 화장을 하지 말라고 부탁할 수도 없는 노릇이었다. 결국 내가 간병을 도맡아야 했고, 가장 아플 때 나설 수 있는 사람은 배우자밖에 없음을 다시 한 번 실감하게 되었다. 부부가 같이 있을 때 이런 어려움을 당했기에 망정이지, 홀로 되었을 때 아팠더라면 얼마나 힘들었을까, 생각만 해도 아찔하다. 그렇다고 우리가 평소 엄청난 금슬을 자랑하는 부부는 아니었다. 우리도 남들처럼 사소한 일로 말다툼도 하고 부부싸움도 하는 평범한 부부였지만, 아내의 투병은 부부가 같이 건강하게 사는 것이 가장 큰 행복이라는 깨달음을 얻게 된 계기가 되었다.

그러나 100세까지 살다 보면 아무리 건강을 주의한다 해도, 100% 병에 걸리지 않는다고 장담할 수 없는 노릇. 실제 학창 시절에 레슬링 선수도 하고 대학 때는 미식축구 선수로 활동했을 만큼 건강이라면 누구에게도 뒤지지 않는 선배가 있었는데, 나이가 들어서는 성인병으로 고생하는 걸 보며 안타까웠던 적이 있다. 가족력도 무시할 수 없다. 주위에서 운동도 열심히 하고 절제된 생활을 해온 사람인데도 암이나 희귀 질병에 걸려 고생하는 이들을 간혹 볼 수 있다. 건강이야말로 가장 중요한 노후 대비다. 건강을 관리하는 동시에 특수 질병 보험에 가입해서 건강 리스크에 철저히 대응해야 할 것이다.

건강 리스크, 보험으로 대비하자

●

지금이야 보험의 중요성을 아는 이들이 많이 늘어났지만, 반드시 닥쳐오지도 않을 일에 돈을 쓴다는 생각에 보험을 반기지 않는 이들도 종종 있다. 나 역시 그랬다. 실제로도 10여 년 전 아주 우연한 계기로 암보험에 가입을 했다. 딱히 보험의 필요성을 인식해 가입한 것이 아니라, 아는 보험 설계사가 아내에게 끈질기게 부탁하는 바람에 차마 거절할 수 없어서 들게 된 것이다. 암보험에 가입했다는 아내의 말을 듣고, 뭘 그런 걸 들었느냐며 핀잔을 주었는데, 얼마 지나지 않아 부부가 암에 걸린 것이다. 우연이긴 하지만 참으로 절묘한 시점에 가입했구나, 하며 안도의 한숨을 내쉬었던 기억이 난다. 지금 생각해도 그때 보험에 가입하라고 권해준 설계사가 얼마나 고마운지 모른다.

의료비는 다른 생활비와 속성이 다르다. 매달 나가는 생활비는 그 규모를 어느 정도 예측할 수 있고, 부족하면 어느 정도 아껴 쓸 수도 있다. 하지만 의료비는 필요한 시기를 예측할 수도 없거니와, 단기간에 막대한 비용이 들어갈 수도 있다. 따라서 의료비는 일반 생활비와는 달리, 언제 얼마만큼 필요할지 모르지만 일이 생겼을 때 돈을 지급해주는 '보험'을 활용해야 한다.

의료비를 보장해주는 보험은 크게 '정액 보상보험'과 '실손 보상보험'으로 나뉘는데, 각각 장단점이 있다. 따라서 두 가지 보험을 적절히 나누어 가입해두는 것이 좋다.

'정액 보상보험'은 특정 질병에 걸리면 가입 시 약정한 일정 금액을 받는 보험이다. 한 번에 목돈을 받을 수 있는 장점이 있지만, 인플레이션에 취약한 것이 단점이다. 예를 들어 3,000만 원을 받을 수 있는 암보험에 가입했다면 가입 시에는 큰돈일지 몰라도, 상당 기간이 지나 정작 보험의 혜택을 받아야 할 시기에는 돈 가치가 하락해 치료비로 쓰기에 턱없이 부족할 수도 있다.

이에 비해 '실손 보상보험'은 실제 발생한 의료 실비를 지급받는 방식으로, 의료비가 올라가면 보장금액도 늘어난다. 따라서 일정 기간마다 보험계약을 갱신해야 하며, 그때마다 보험료가 올라갈 수 있으므로 그 내용을 면밀히 확인해야 한다. 실손 보장보험에 가입할 경우 확인해봐야 할 사항으로는 다음 다섯 가지를 들 수 있다.

첫째, 보장내역이 좋다고 생각되는 상품 두 가지 이상을 놓고 꼼꼼히 비교해봐야 한다.

둘째, 중복 가입을 피해야 한다. 실손 보상보험은 의료 실비 안에서 보장받기 때문에 여기 저기 가입한다고 해서 보험금을 많이 받는 게 아니다. 중복 가입을 하면 쓸데없이 보험료만 낭비하는 셈이다.

셋째, 갱신 권리를 확인해야 한다. 의료 실비를 받는 경우 보험을 갱신할 수 있는지 여부를 꼭 확인해야 한다. 보장기간이 정해져 있어서, 나이가 든 뒤 정작 필요할 때 보장받지 못할 수도 있기 때문이다.

넷째, 예외 조항을 반드시 체크해야 한다. 확인해본 결과 본인이 원하는 항목을 보장받지 못한다면 가입하지 않는 것이 좋다.

다섯째, 보험을 갈아타라는 제안은 신중하게 생각해야 한다. 주위에서 기존 보험을 해약하고 다른 보험으로 갈아타라는 권유를 해올 경우에는, 우선 의심부터 해볼 필요가 있다. 만약 새로운 보험으로 변경할 경우 기존 보험에서 보장되던 것이 새로운 보험에서도 계속해서 보장되는지, 만일 달라지는 게 있다면 어떤 내용인지 반드시 확인해야 한다.

2

지금,
두 번째 인생을
디자인하라

직장인들의 인생에서 빼놓을 수 없는 것이 바로 '정년'이다.
앞으로 직장인들은 살면서 세 번의 정년을 맞이하게 된다.
첫 번째 정년은 타인(또는 회사)이 정년을 결정하는 고용 정년,
두 번째 정년은 자기 스스로 정하는 일의 정년,
세 번째 정년은 신神의 뜻에 따라 세상을 떠나는 인생 정년이다.

정년 후 80,000시간, 어떻게 보낼 것인가

내가 몸담고 있는 금융투자업계는 상대적으로 세대 교체가 빠른 편이다. 최근에는 업계 후배들에게 '위로 점심'을 사야 하는 횟수도 부쩍 늘어난 것 같다. 그중에는 어느 정도 직장을 다닐 만큼(?) 다닌 이들도 있지만, 오십도 되지 않았는데 무얼 해야 할지 앞길이 막막하다며 인생 상담을 해오는 이들도 있다. 그렇다고 그들이 능력 없는 친구들인가 하면, 결코 그렇지 않다. 회사 돈으로 외국의 일류 대학에서 유학까지 마친 친구, 영국이나 홍콩 등 국제적으로 금융이 발달한 도시에서 지점장까지 한 친구 등, 모두 능력이나 스펙 면에서 뒤지지 않지만 냉혹한 현실 앞에서는 어쩔 수 없는 모양이다. 후배들의 이야기를 들어보면, 다니던 회사를 그만두게 되면 먹고 살 일도 걱정이지만, 당장 무엇을 해야 할지, 남는 시간을 어떻게 보내야 할지가 엄청난 고민이라고 한다.

어느 날 모 대기업에 다니는 지인이 다음과 같은 이야기를 들려주었다. 얼마 전 회사에서 정년퇴직을 앞둔 직원 부부들을 대상으로 퇴직 후를 준비하는 교육을 마련했다고 한다. 강사는 가장 먼저 퇴직 후 하루, 일주일, 한 달 동안의 일과를 예상해서 계획표를 써볼 것을 주문했다. 그는 뭐라고 써야 할지 도무지 생각이 나지 않아, 옆에 앉아 있는 아내는 뭐라고 쓰는지 넌지시 옆을 넘겨다보았다. 그런데 별다른 계획을 쓰지 못하고 고민하는 자신과 달리, 아내는 '아침에 일어나서 밥하고 청소하고 빨래하고 장 보러 갔다가 친구들 모임에 갔다가 딸에게 갔다가…'라는 식으로 하루 일과를 막힘없이 써내려가더라는 것이다. 막상 자신은 오전 10시까지 할 일을 적고 나니, 더 이상 쓸 내용이 없었는데 말이다. 그는 그러한 아내에게 일말의 배신감마저 들더라며 껄껄 웃었다.

재미 반, 허탈함 반의 심정으로 꺼낸 얘기였겠지만, 단순히 웃어넘길 수만은 없었다. 꼭 남성이 아니라도 직장인이라면 누구나 이러한 상황에 공감할 수밖에 없을 것이다.

수명이 훌쩍 늘어난 지금 60세에 정년퇴직을 한다고 해도, 어마어마하게 긴 시간이 우리를 기다리고 있다. 우리나라에서 교사와 공무원 등의 일부 직업을 제외하면, 정년까지 채우고 그만두는 사람은 거의 없다 해도 과언이 아니다. 40대 중후반밖에 안 된 업계 후배들이

명예퇴직을 했다면서 취직자리가 없느냐고 찾아올 정도니, 우리나라의 고용환경은 매우 불안정한 편에 속한다. 어쨌든 60세에 퇴직을 하고 지금의 평균수명인 80세까지만 산다고 가정해도, 정년 후 약 20년이나 되는 시간이 남아 있다.

하루는 24시간, 현역으로 활동하는 시절에는 짧게만 느껴지는 시간이다. 부지런히 일하고 술 마시고, 친구 만나고, 가족과 시간을 보내다 보면 하루가 100시간이라도 모자랄 정도다. 그런데 회사를 그만두고 나면, 그렇게 정신없이 흘러가던 시간이 더디게만 느껴진다. 잠자는 시간, 밥 먹는 시간, 화장실 가는 시간 등을 다 빼더라도, 하루에 11시간 정도 남는다는 계산이 나온다.

하루 여유 시간이 최소 11시간이라면, 20년의 여유 시간은 약 80,000시간(11시간×365일×20년)이 된다. 현재 우리나라 직장인들의 연평균 근로 시간이 2,092시간(2012년 기준)이므로 정년 후 80,000시간은 38년간 현역으로 일하는 시간과 맞먹는다. 100세까지 산다고 치면, 76년간 현역으로 일하는 시간에 상응하는 후반 인생을 보내야 하는 셈이다. 예전에 일본에 출장을 갔다가 '정년 후 80,000시간'과 비슷한 제목의 책을 보고 놀란 적이 있는데, 그보다 심각한 상황이 눈앞의 현실로 닥친 것이다.

이 엄청난 시간을 별다른 무리 없이 살아가려면, 먼저 제대로 된 '인생설계'를 세워야 한다. 무작정 '어떻게든 되겠지' 하는 자세로는, 정신적으로든 물질적으로든 풍요로운 후반 인생을 살아갈 수 없다.

현실이 이러한데도 주위를 둘러보면, 아무런 대비도 하지 않고 있다가 나중에야 땅을 치며 후회하는 이들이 적지 않다. 한창 일할 나이에 회사를 떠나는 선배들을 보면서 '나는 꼭 미리미리 준비해야지' 했다가도, 언제 그랬냐는 듯 사흘짜리 각오에 그치는 게 대부분이다.

당신은 어떤가. 한 번이라도 자신의 정년 후에 대해 진지하게 생각해본 적 있는가? 앞에서 말한 나의 지인과는 다를 거라고 자신할 수 있는가?

한 가지 덧붙이자면, 후반 인생을 설계할 때는 자기주도적인 자세가 매우 중요하다. 지금까지는 아무래도 사회의 보이지 않는 분위기나 룰에 따라, 인생의 방향을 정하는 경우가 많았을 것이다. 학창 시절에는 교과서나 선생님의 가르침을 잘 따르는 학생이 좋은 학생이라고 인정받았다. 회사에 다닐 때는 회사의 결정이, 방침이 옳다는 생각으로 일하면 우수한 직원이라는 평가를 받았다.

그러나 정년 후에는 주위의 시선이나 평판보다, 자기가 가고자 하는 방향이 옳다는 소신이 필요하다. 다시 말해 무엇을 하든, 자신이 하고자 하는 일에 대한 소신이나 긍지를 갖는 것이 가장 중요하다는 얘기다.

아직 아무런 계획을 세우지 못했다면, 지금부터라도 조금씩 그림을 그려보라. 그리고 하나씩 차근차근 준비해나가자. 지극히 원론적인 이야기처럼 들릴지 모르지만, 이것이야말로 당신의 행복한 후반 인생을 보장하는 첫걸음이 되어줄 것이다.

예술도 길고 인생도 길다

●

예술과 인생을 논하는 이야기 중에서 우리에게 가장 친숙한 말은, 아마도 히포크라테스가 남긴 '예술은 길고 인생은 짧다'일 것이다. 인간의 생은 짧고 허무하지만 예술의 가치는 영원하다는 사실을 단적으로 비유한 말이다. 그러나 지금처럼 오래 사는 시대에는 이 말도 좀 바뀌어야 하지 않을까 싶다. '인생도 예술도 무지무지하게 길다'로 말이다.

흔히 많은 사람들이 '노후준비=돈'이라는 방정식에 익숙해져서, 돈만 있으면 행복한 노후는 저절로 따라오는 거라 생각하는데, 안타깝게도 현실은 전혀 그렇지 못하다. 강연이나 세미나 등에서 수많은 이들을 만날 때면, 더더욱 실감하게 된다.

가끔 예전에 함께 일했던 상사나 선배들에게 점심을 대접할 때가 있다. 대부분 사장까지 지냈던 분들이고 적어도 대기업 임원까지는 지냈으니, 아무래도 경제적으로 여유가 있는 편이다. 사는 곳도 우리나라 부유층이 많이 사는 서울 강남이나 경기도 분당 일대가 대부분이다. 물론 몸도 상당히 건강한 편이다.

그런데 점심을 하면서 그분들의 하루 일과를 들어보면, 놀랄 만큼 하나같이 비슷하다. 일단 아침 느지막이 집을 나와서 호텔 헬스클럽에서 두어 시간을 보낸다. 일류 호텔 헬스클럽에 가면 왕년에 장관이나 차관, 사장을 지낸 분들이 많다고 한다. 헬스클럽에서 오전을 보낸 후 점심에는 지인들을 만나 식사를 한다. 이때 자주 등장하는 주제 중

하나가 골프인데, 주로 비거리가 얼마나 되는지 등의 이야기가 오고 간다. 이런 분들과 점심약속을 할 때는 점심 이후에 바로 다른 약속을 잡으면 안 된다. 대화가 예상보다 길어질 수 있기 때문이다. 너무 일찍 자리를 뜨면 나중에 서운하다는 이야기를 들을 수 있기에, 예전에 함께 일했던 윗사람과 점심을 할 때면 아예 오후 3시까지는 넉넉히 시간을 비워두는 편이다.

언젠가 신문에서 어느 일류 호텔 헬스클럽에서 직업이 없고 60세가 넘은 사람들은 신입회원으로 받아주지 않는 방안을 검토하고 있다는 기사를 본 적이 있다. 이런 방침이 나이로 인한 또 다른 차별이 아니냐며 논란이 되기도 했지만, 그 이유를 들어보면 어느 정도 수긍이 가는 면도 적지 않다. 헬스클럽에서 지나치게 오랜 시간을 보내는 사람이 많다 보면 다른 회원들에게 폐를 끼칠 거라는 생각 때문일 것이다.

흔히들 돈이 많으면 노후준비는 모두 끝났다고 생각한다. 물론 돈이 풍요로운 노후의 가장 기본적인 요소 중 하나인 것은 분명하지만, 돈만 생각한다면 한계가 있다. 돈과 일이 적절한 균형을 이루지 못하면 삶의 의미나 보람을 찾지 못하고 무기력해지기 쉽기 때문이다.

어느 정도 경제적 여유가 있는 사람들은 보람 있는 후반 인생을 살아가기 위해 일이 필요하고, 형편이 어려운 사람들은 부족한 노후자금을 조달하기 위해 일을 해야 한다.

1.4년 vs. 19.4년

일본에는 '나리타 이혼'이란 말이 있다. 나리타는 우리나라 인천공항에 해당하는, 나리타 국제공항이 있는 곳이다. 예전부터 '나리타 이별'이란 단어가 있었는데, 이 말은 젊은 신혼부부들이 신혼여행에서 돌아와 나리타공항에 내리자마자 갈라서는 것을 비유하는 말이다. 그런데 고령화 사회에 접어들어 황혼이혼이 급격히 늘어나면서 이번에는 '나리타 이혼'이란 말이 등장했다. 나리타 이혼이란 노부부가 막내아들을 결혼시키고 신혼여행을 보낸 후 나리타공항에서 이혼한다는 뜻이다. 이혼을 원하는 쪽은 대개 남편이 아닌 아내라고 한다.

우리나라도 사회가 고령화되면서 황혼이혼이 크게 증가하고 있다. 서울시정보화기획단이 발표한 '2011 혼인·이혼 통계'에 따르면, 결혼 20년이 넘은 황혼이혼이 4년 이하의 신혼이혼을 이미 추월한 상태라고 한다. 이혼은 젊은 세대만의 것이 아니라는 사실을 여실히 보여주는 통계라 할 수 있다. 한국가정법률상담소의 통계도 서울시의 통계와 크게 다르지 않다. 2011년 70대 부부의 이혼상담 건수는 모두 118건이었는데, 4~5년 전만 해도 이들 연령대의 상담은 아예 존재하지 않았다고 한다. 말하자면 '황혼의 전쟁'이 벌어지고 있는 셈이다.

여기서 우리가 진지하게 생각해봐야 할 것은 왜 이런 일이 일어나는가, 하는 점이다. 어느 날 갑자기 부부간의 신뢰가 깨져서 나타나는 현상일까? 아니면 부부 어느 한쪽이 한눈을 팔아서 그런 것일까? 여러 가지 이유가 있겠지만, 인생 100세 시대로 진입하면서 부부 둘이 보내는 시간이 늘어난 것도 무시할 수 없는 이유인 것 같다. 과거 60~70년을 사는 시대에는 자녀를 여럿 낳은 데다 수명도 짧아서, 자녀가 독립한 후 남편과 아내 둘이서 사는 시간이 매우 짧았다. 서울대 한경혜 교수는 '부부 둘이 사는 시간이 1.4년'에 불과하다는 분석을 내놓기도 했다.

그런데 자녀를 적게 낳는 데다 수명까지 늘어난 오늘날에는, 부부 둘이 사는 시간이 과거보다 무려 10배 이상이나 늘어났다. 한 교수는 19.4년 이상이 될 것으로 내다보고 있는데, 아무리 가까운 사람이라도 너무 오래 함께 지내면 별의별 흉허물이 다 보이는 법. 부부라고 예외가 될 수는 없을 것이다.

"우리 남편이 공무원으로 30년 넘게 일하고 퇴직했는데, 그동안 밤낮없이 일하느라 고생했거든요. 많지는 않지만 공무원 연금으로 사는 데 큰 지장은 없을 것 같아서, 이제 내가 남편에게 잘해줘야겠다는 생각을 했어요. 그런데 그게 말처럼 쉽지가 않더라고요. 한 달 지나고 두 달 지나고 석 달이 지나니까 하루종일 집에 있는 남편이 미워지는 거예요. 남편은 아침에 이를 닦고 나면 칫솔의 물기를 털으려고 세면대에 탁탁 치는 습관이 있는데, 3개월쯤 지나니까 그 소리가 너무 거슬리는 거예요. 그러더니 모든 게 꼴 보기 싫어지더라고요."

어느 날 아내가 평소 가깝게 지내는 전직 공무원 부인으로부터 들었다며 이러한 하소연을 전해주었다. 그 부인은 마음씨 좋고 인자하기로 유명한 분이다. 그런데도 그렇게 사소한 이유로 남편의 흉을 볼 정도이니, 성격 나쁜(?) 부인들은 남편을 어떻게 대할 것인지 남자들이 참 불쌍하다는 생각이 들었다.

많은 남성들이 정년퇴직을 하고 나면, 그동안 많은 시간을 함께 보내지 못했던 아내와 외식도 하고 여행도 하며 오순도순 정답게 노후를 보낼 수 있을 거라는 기대를 품는다. 아내 역시 그러한 시간을 기다려왔을 거라 생각하면서 말이다.

하지만 그렇지 않다는 것을 금세 깨닫게 된다. 아내는 더 이상 남편만 바라보는 해바라기가 아니기 때문이다. 자기만의 생활을 누리고 있는 아내는 밖에 나가 친구들과 모임을 갖거나 이런저런 취미를 즐기느라 바빠서 예전처럼 남편을 챙기려 들지 않는다.

게다가 앞에서도 말했듯이 아무리 사이좋은 부부라도 종일 같이 지내다 보면, 상대의 단점이 자꾸 눈에 들어오는 법. 따라서 돈이 있든 없든 가급적 80세 정도까지는 외부 활동을 만드는 것이 좋다. 아내들도 집에 있는 남편을 구박하기보다 밖으로 나갈 수 있도록 적극적으로 지원해줘야 할 것이다.

부끄럽지만 이러한 글을 쓰는 나 자신도 부부싸움을 숱하게 한 경험이 있다. 그래도 젊을 때는 아이들 때문에라도 얼굴을 마주 보고 화해하고 다시 사이좋게 지내는 것이 보통이다. 그러나 자녀들이 모두 독립하고 나면 사정은 달라진다. 얼굴을 붉히며 싸우느니 아예 각방을 써버리는 것이다. 방을 따로 쓰면 서로 마주칠 기회가 없기에 싸울 일도 없다. 그냥 데면데면한 상태에서 살아가는 것이다. 형식은 부부지만 내용은 남남인 생활이 계속 이어지면, 황혼이혼처럼 극단적인 결과를 낳고 만다.

얼마 전 '삼식이 남편'이라는 말을 알게 되었다. 절반은 우스갯소리긴 하지만 하루 세 끼를 모두 집에서 먹는, 은퇴한 남편을 두고 하는 말이라나. 나도 남자인지라 이 말을 들으면 마음 한구석이 쓸쓸해진다. 어느 신문에서 읽었는데, 심지어 삼식이 남편의 밥 시중을 들다 우울증에 걸려 정신과 치료를 받는 아내들이 부쩍 늘어나고 있다고 한다. 평생 가족을 위해 불철주야 일해온 남편들의 입장에서 보면, 정말 화가 나고 억울한 일일 것이다. 아내들이 나름대로의 근거를 대며 억울해하는 것도 이해는 간다. 평생 동안 남편과 자식의 뒤치다꺼리를 하다 이제야 좀 자유를 누리려는데, 남편 밥을 하루 세 끼 챙기기가 여간 번거로운가. 주부들끼리는 "퇴직한 남편들이 제일 먼저 배워야 할 것은 혼자 밥 차려 먹는 것"이라며 남편 훈련(?)을 시키라는 조언도 주고받는 모양이다. 노후에 대한 부부의 인식이 얼마나 다른지를 여실히 보여준다.

노후에 대한 부부의 생각 차이

지금과 같은 인생 100세 시대에는 은퇴 후 부부 단 둘이 사는 기간을 어떻게 화목하게 보낼 것인가에 대한 철저한 준비가 필요하다. 무엇보다 젊은 시절부터 부부간의 대화를 통해 노후생활에 대한 생각 차이를 극복해야 한다. 노후에 대한 부부의 생각이 예상 외로 다르기 때문이다. 2012년에 30~40대 부부를 대상으로 미래에셋은퇴연구소가 실시한 '은퇴 후 생활에' 대한 앙케트 조사결과를 보면, 남편과 아내가 꿈꾸는 노후생활이 크게 다른 것을 알 수 있다.

우선 은퇴 후 부부가 어떤 지역에서 살고 싶은지에 대한 남편의 답변은, 비교적 전원생활이 용이한 서울 근교나 지방 중소도시, 즉 시골로 이주하고 싶다는 비율이 75%를 차지했다. 여기에서 말하는 서울 근교란 일산, 분당, 용인 등과 같은 신도시가 아니라 양평, 가평, 남양주 등 농촌지역에 가까운 경기지역을 말한다.

반면 아내의 답변은 서울 및 수도권 신도시와 지방 대도시에서 살고 싶다는 비율이 65% 정도를 차지했다. 살고 싶은 주택유형에 대해서도 절반 가까이가 생각을 달리 했다. 남편의 경우에는 절반 이상이 전원주택을 선호한 반면, 아내는 아파트를 선호한 것으로 나타났다.

살고 싶은 지역과 주택유형에 대한 부부의 생각이 다른 이유는, 주거에서 찾는 핵심효용이 서로 다르기 때문일 것이다. 즉 남편은 공기 좋고 한적한 곳, 야외에서 여유로움을 즐길 수 있는 곳, 소일거리를 찾을 수 있는 텃밭이 있는 곳을 선호하는 반면, 아내는 문화·레저·편의시설이 있는 곳, 친교모임·쇼핑이 가능한 곳을 선호한다는 것이다. 또한 남편들은 대체로 답답하고 할 일이 없다는 이유로 아파트를 꺼려하는 반면, 아내들은 보안문제와 주택관리의 어려움 때문에 전원주택을 싫어하는 것으로 나타났다.

부부가 같이 보내고 싶어 하는 시간도 마찬가지였다. 남편의 60% 정도는 하루 여유시간의 절반 이상을 함께 보내고 싶어 했지만, 남편과 같은 생각을 하는 아내의 비율은 30%도 되지 않았다. 은퇴 후 생활에서 중요하게 생각하는 항목도 달랐다. 남편은 건강(96%) 다음으로 부부관계(73%)를 언급한 반면, 아내는 건강(99%), 돈(64%), 부부관계(59%) 순이었다.

따라서 남녀라는 이유로, 남편과 아내라는 역할의 차이 때문에 부부의 은퇴관은 다를 수 있음을 인정하고, 다양한 방법을 통해 부부간의 생각 차이를 줄여나가는 것이 중요하다. 가장 먼저 은퇴 후의 생활에 대해 부부가 터놓고 대화를 시작해야 한다. 많은 부부들이 은퇴에 대해 이야기한다는 것에 아직 익숙지 않은 듯하다. '굳이 말하지 않아도 내 생각을 알아주겠지', '이렇게 하자면 따라오겠지' 하는 생각은 버리고, 월 2회 정도는 노후생활의 구체적인 주제를 정한 후 이야기할 필요가 있다.

노후생활의 질을 결정하는 가장 중요한 요소는 '주거'다. 주거계획은 돈과 관련된 측면에서도, 노후생활의 질과 관련된 측면에서도 은퇴준비의 핵심변수라 할 수 있다. 그런데 공교롭게도 주거에 대해 부부가 갖는 생각은 크게 다르다. 노후에 어디에서, 어떤 형태의 주택에서 살 것인가에 대한 그림만큼은 충분한 대화 속에서 부부가 같이 그

려나가야 함을 명심하자.

남편의 경우 은퇴 후 '나만의 시간'을 기획하고 준비하는 것 또한 매우 중요하다. 은퇴 후 라이프스타일에 대한 남편과 아내의 인식이 다르기 때문이다. 아내와 함께 인생2막을 꿈꾸는 남편들이 많은 데 비해, 아내는 가정으로부터의 자유를 꿈꾸는 이들이 더 많다. 따라서 남편은 아내와 함께 시간을 보낼 생각만 하지 말고 나만의 시간을 기획하고 준비해야 한다. 재취업해서 수입을 얻든, 자기실현을 위해 활동하든, 사회공헌을 하든, 체력이 허용하는 한 소일거리를 찾아야 할 것이다.

후반 인생,
평생 현역이 답이다

어찌 하다 보니 '노후설계 전문가'로 불리게 되었지만, 나 역시 처음부터 노후에 관심이 지대했던 것은 아니다. 내가 CEO로 있던 운용사가 외국계 금융회사에 매각되면서 어쩔 수 없이 물러난 것이 일종의 터닝 포인트가 되었다. 대주주가 바뀌면서 일어난 일이었다. 계약기간이 1년 남짓 남아 있다 보니, 새로운 대주주 측에서는 부회장이나 상임 고문을 맡아달라는 제안을 해왔다. 하지만 부회장이나 고문은 명목상 직책일 뿐, 실제로는 현업에서 손을 떼야 하는 처지였다. 남은 기간 동안 월급만 받고 있기도 미안하고, 평소 염두에 두었던 투자교육 업무를 이번 기회에 본격적으로 해보자는 생각에 투자교육연구소를 세우고 싶다는 제안을 했다. 결국 나 혼자 일하는 1인연구소 형태의 투자교육연구소가 만들어졌다.

계약기간이 거의 다 끝나갈 무렵, 미래에셋에 투자교육연구소를 만들어 투자교육을 해보고 싶다는 제안서를 냈는데 그 제안이 받아들여졌다. 이러한 계기로 투자교육 일을 하던 중 자산관리를 제대로 하기 위해서는, 생애설계에 맞는 재무설계를 해야 한다는 결론을 얻었다. 재무설계는 단순히 돈을 벌고 관리하는 문제가 아니라, 삶의 주기에 따라 달라져야 하기 때문이다. 그래서 주된 연구 분야도 생애설계와 재무설계로 정하게 되었다.

그런데 생각이라는 게 고여 있는 연못이 아니라 흐르는 물과도 같아서, 생애설계에 대한 고민을 하다 보니 고령화 시대에 후반 인생을 미리 준비하는 것이 얼마나 중요한지를 자연스럽게 자각하게 되었다. 이와 맞물려 한국전쟁 이후 태어난 베이비부머세대의 퇴직이 시작되면서, 갑자기 은퇴와 노후에 대한 사회적 관심 또한 비약적으로 높아졌다. 처음에는 투자교육으로 시작했지만, 생애설계라는 새로운 연결고리가 만들어졌고 결국에는 은퇴와 노후로 발전하게 된 것이다. 그리고 올해부터는 더 나이가 들기 전에 좀 더 새로운 일을 해보고 싶다는 생각에 '미래와 금융'이라는 연구 포럼을 시작해 운영하고 있다.

직장인들의 인생에서 빼놓을 수 없는 것이 바로 '퇴직'이다. 내 경우에도 퇴직이 새로운 인생을 준비할 수 있는 계기가 되어주었다. 앞으로 직장인들은 살면서 세 번의 퇴직, 즉 정년을 맞이할 것이다. 첫 번째 정년은 타인(또는 회사)이 정년을 결정하는 고용 정년, 두 번째 정년은 자기 스스로 정하는 일의 정년, 세 번째 정년은 신神의 뜻에 따라 세상을 떠나는 인생 정년이다.

종신고용제가 유지되고 평균수명이 짧았던 시대에는, 대부분 처음 들어간 직장에서 정년까지 무사히 마칠 수 있었다. 회사를 다니면서 집도 사고, 아이들도 키우고, 회사를 그만둔 후에는 퇴직금을 받아 노후자금을 마련했다. 여성들도 안정적인 직장을 다니는 남성을 1등 신랑감으로 여겼다. 정년퇴직 후 남은 인생도 그리 길지 않았기 때문에, 그동안 모아놓은 돈과 퇴직금만으로도 풍족하진 않지만 큰 무리 없이 노후를 보낼 수 있었다.

하지만 외환위기 후 고용환경이 급변하면서 몇몇 회사를 제외하고 종신고용제는 역사의 뒤안길로 사라졌다. 이제는 능력이 되어서 회사를 옮긴다 하더라도 50세가 넘으면 언제 회사를 그만둘지, 고용 정년을 걱정할 수밖에 없는 상황이다.

옛날처럼 금리가 높다면 젊었을 때 열심히 일해서 저축한 돈을 안전한 은행에 넣어놓고 이자를 받아 큰 문제없이 생활할 수 있었을 것이다. 그러나 현재와 같은 금리수준으로는 3억 원을 정기예금에 넣어봤자, 세금을 떼고 나면 1년 이자 수입이 900만 원도 채 되지 않는다. 3억을 모으기도 힘든데 모았다 하더라도 은행예금에서 나오는 이자만으로는 생활이 어려워진 것이다.

향후 경기가 회복되고 설비투자가 늘어나서 금리가 조금씩 오를 수도 있겠지만, 우리 경제에 혼란이 오지 않는 한 10%대의 예금 금리 시대는 다시 오기 어렵다고 봐도 좋다. 결국 일부 부유층을 제외하고는 30년이 될지 40년이 될지 모르는 후반 인생을 앞두고 '일과 생계'에 대해 고민할 수밖에 없다.

그런데 일을 하고 싶어도 일자리가 있느냐가 문제다. 가끔 퇴직한 사람들 앞에서 가능한 한 오래도록 일해야 한다는 이야기를 하면, 다음과 같은 반론을 제기하는 이들이 많다. 젊은 사람들도 일자리를 못 구하고 있는 마당에, 나이 든 사람에게 돌아올 일자리가 있겠느냐는 것이다. 평생 현역은 소수의 능력 있는 사람에게만 해당되는 것 아니냐는 볼멘소리도 들려온다. 국가가 나서서 나이 든 사람들을 위한 일자리를 정책적으로, 사회 인프라로 조성하지 않으면, 현실적으로 일을 하고 싶어도 할 수 없다는 것이다. 물론 요즘 같은 시대에 노후에 일자리를 구한다는 게 쉽지는 않을 것이다.

게다가 우리나라는 사회적인 분위기 상으로도 나이 든 사람이 일하기 어려운 편에 속한다. 주위를 보면 나이가 들어서 어떤 일을 하고 싶은데 아내가 창피해할까 봐 못하겠다는 남자들이 의외로 많다. 심지어 해외로 이민을 떠나는 이들도 있다. 이민 가서 하겠다는 일의 내용을 들어보면, 여기서 할 수 있는 일인데 굳이 이민을 가야 하나 싶을 때가 있다. 아마도 자신을 아는 사람이 없는 곳으로 가고 싶어서가 아닐까.

노후 선진국이라고 해서 처음부터 고령 세대들이 할 수 있는 일을 준비하고 있었던 것은 아니다. 다만 우리보다 먼저 고령화 시대를 경험하면서 고령 세대에 맞는 일자리 창출이 정책적인 과제로 대두되었고, 사람들 역시 어떻게 하면 나이 든 후에도 계속 일을 할 수 있을지 문제의식을 갖기 시작한 것이다. 사회적 필요성과 개인들의 의식 전환이 맞물리면서, 고령자들을 위한 일자리가 본격적으로 생겨났다고 봐도 좋을 것이다.

일본의 경우에는, 1980년대부터 '고령화 시대에 후반 인생을 사는 법'에 대한 연구가 활발하게 진행되었다고 한다. 일본의 연구 결과를 보면, 가장 먼저 퇴직 후 얼마나 긴 시간을 살아야 하는지를 강조하고 있다. 이 기간 동안 자신의 형편을 고려해 돈을 벌기 위해 일을 할 것인가, 수입이 없더라도 자신이 좋아하는 일을 할 것인가, 혹은 주위로부터 인정받기 위해 일할 것인가를 결정해야 한다.

평생 현역? 먼저 체면부터 버려라

가장 중요한 삶의 경쟁력 중 하나가 오래 일하는 것임은 누구도 부인할 수 없는 사실일 것이다. 오래 일하면 삶의 활력을 유지할 수 있고, 돈을 벌어 노후자금에 대한 부담도 줄일 수 있기 때문이다.

지금까지 만나온 사람들을 보면, 오래 일하는 데 가장 큰 걸림돌은 조건이나 나이가 아니라 '체면'인 것 같다. 아이러니하게도 사회적으로 높은 위치에 오른 사람들일수록 사정은 더욱 만만치 않다. 대기업의 고위직으로 일하다 돌아가신 분의 자제와 대화를 하다 보니, 퇴직 후 고인이 심정적으로 가장 불편해했던 것은 '자동차와 운전기사'가 사라진 것이었다고 한다. 알게 모르게 남들이 자신을 어떻게 보는지를 은근히 마음에 두고 있었던 모양이다. 이처럼 사람은 지위가 높으나 낮으나 체면을 중요시하는 듯하다. 하지만 지금처럼 '준비되지 않은 30~40년'을 살아야 하는 시기에는, 체면을 어떻게 잘 버리는지가 개인의 경쟁력을 크게 좌우할 것이다.

내가 이런 생각을 하게 된 결정적인 계기는, 모모세 히로시 사장을 만나면서부터였다. 모모세 사장은 1933년생으로 1980년대 일본에 근무하던 시절 만나 인생의 멘토로 삼게 된 분이다. 그는 일본의 준대형 증권사에서 기업금융 전문가로 부사장까지 오른 후, 계열사의 벤처캐피털 사장까지 역임했다. 80세가 넘은 나이에도 불구하고, 지금까지 고문으로 일하며 현역으로 활동하고 있다. 사장까지 올랐던 사람이니 고문으로 일하는 게 아니냐고 볼 수도 있을 것이다. 물론 맞는 얘기다. 하지만 사장으로 일한 사람이라도 모모세 사장처럼 80세가 넘는 나이에 자신의 분야에서 현역으로 활약하는 사람은 일본에서도 매우 드문 편이다. 그가 오래 일할 수 있는 비결은 무엇이었을까? 이러한 나의 질문에 모모세 사장은 이렇게 말했다.

"제가 재취업한 회사에서 가장 견디기 힘들었던 것은, 젊은 경영진들이 보내는 경계의 눈빛이었습니다. 그들이 해결하지 못하는 일을 제 인맥이나 경험을 통해 해결해주면 고마워할 줄 알았는데, 오히려 저를 더 경계하는 것이었습니다. 처음에는 그런 태도가 너무나 섭섭했습니다. 그러나 언젠가부터 그들의 입장에서는 자신의 무능력이 드러나는 것은 아닐까, 저 사람이 내 자리를 차지하는 것은 아닐까, 하는 마음을 갖는 것도 무리가 아니겠다는 생각을 하게 되었습니다. 그 후부터는 제 공적을 과시하고 싶은 마음을 억제하고, 가급적 그들이 경계심을 품지 않도록 소리 없이 도와주려 노력했습니다. 그뿐이 아닙니다. 전 직장에서는 자료작성은 물론 스케줄 관리까지 모두 부하직원이 해주고 저는 회의를 주재하거나 사람 만나는 일만 했는데, 새로운 회사에서는 모든 일을 스스로 처리해야만 했습니다. 그렇게 하지 않으면 제가 도움을 주는 존재가 되기보다는 장애물로 비칠지 모른다는 생각에 새로운 환경에 적응하려고 부단히 노력했지요."

나는 모모세 사장의 이야기를 다음과 같이 정리해보았다.

첫째, 후배들에게 경쟁자로 비치지 말고, 도움을 주는 사람이 될 것.

둘째, 체면을 버릴 것.

사실 첫째와 둘째는 밀접한 연관이 있다. 위계질서가 강하고 연장자를 우대하는 분위기인 우리나라 일본 같은 경우, 한번 후배는 영원한 후배처럼 여기는 경향이 있다. 하지만 모든 조직은 살아 있는 생물과 같아서 신진대사가 일어나기 때문에, 일정 시점이 되면 핵심 업무에서 밀려날 수밖에 없다. 그럼에도 예전에 잘나가던 시절만 생각하고 일을 하면, 후배들은 그 사람을 자연스레 경쟁자로 인식하게 된다. 경쟁자로 인식되는 순간, 갈등이 생기는 건 당연하다. 오래 일하기 위해서는 체면을 버리고 도움을 주는 존재, 경쟁자가 아닌 응원을 해주는 존재로 새롭게 자리매김해야 한다.

체면을 버리는 것은 나이 든 사람들에게만 해당되는 것이 아니냐는 의구심을 가질지도 모르겠다. 하지만 나는 체면을 버리는 것은, 어쩌면 노년 세대보다 젊은 세대에게 더 필요한 덕목이 아닐까 싶다. 언젠가 어느 교회 목사님이 쓴 책에서 이런 내용을 본 적이 있다. 하루는 젊은 청년 한 사람이 창백한 얼굴을 하고 목사님을 찾아와 자신의 사정을 털어놓았다. 그의 이야기인즉슨, 청년은 가난한 집에서 태어나 가난하게 자랐다고 했다. 하지만 청년은 열심히 공부해서 서울의 명문대학에 입학했다. 그는 대학에 다니면서 자신이 가난에 시달리며 살아온 것은 자기 잘못이 아니라, 사회의 구조적 모순 때문이라고 생각하게 되었다. 결국 그는 운동권의 일원이 되어 적극적인 투쟁에 나섰고, 결과는 징역살이로 돌아왔다.

사정이 이렇다고 이 청년의 삶이 마냥 우울하기만 한 것은 아니었다. 그는 얼굴 예쁘고 마음씨 착한 여자와 사랑에 빠져 백년가약을 맺게 되었다. 청년은 가진 것이라고는 가난뿐인 자신과 결혼해주기로 한 아내가 정말 고맙고 미안했다. 신부를 위해 결혼만큼은 격식을 갖춰하고 싶었던 그는, 신문광고를 보고 사채를 빌렸다. 그 돈으로 결혼식도 올리고 제법 어울리는 신방도 꾸몄다. 문제는 그다음이었다. 불안정한 영업사원의 수입으로는 원금은 고사하고 상상을 초월하는 고이율의 이자를 감당할 수 없었던 것이다. 이자를 못 내게 되자 사채업자와 연계된 조직 폭력배의 협박이 시작되었다. 청년은 자신에 대한 협박은 얼마든지 참을 수 있었지만, 갓 결혼한 아내를 해치겠다는 통첩까지 받고 나니 너무도 무섭고 괴로웠다고 한다. 결국 고심 끝에 식은땀을 흘리며 목사님을 찾아온 것이다. 그는 자신을 교회의 구제 대상에 포함시켜 빚을 대신 갚아주면, 평생에 걸쳐 반드시 이자까지 교회에 되갚겠노라고 간곡한 부탁을 했다. 그러나 그 목사님은 간청과 달리 다음과 같이 말했다고 한다.

"만약 당신의 나이가 50대 말이거나 60대라면, 딱한 사정을 교회 안건으로 올려보겠습니다. 그러나 당신은 20대 청년입니다. 젊은 나이에 자신이 저지른 경제적 잘못을 타인의 도움으로 손쉽게 해결하려 하면, 평생 경제적 의타심에서 벗어나지 못합니다. 젊은 나이엔 자신의 문제를 스스로 해결해야 합니다. 그래야 진정한 성인으로 살아갈 수 있습니다. 지금 당장 아내에게 가서 사채로 결혼식을 올리고 신방을 꾸민 사실을 고백하십시오. 지금 살고 있는 신방의 전세금과 돈이 될 만한 가재도구를 처분해 빚을 갚으십시오. 빚을 다 갚을 때까지 잠잘 곳을 구하지 못하면, 제가 책임지고 교회 공간의 일부를 합판으로 막아 제공하겠습니다. 거기서 주무십시오. 먹을 것이 없으면 저희 집에서 하루 세 끼 저와 함께 식사를 합시다. 숙식에 관해서는 제가 책임지고 돕겠습니다. 단 돈 문제만은 당신 스스로 해결하십시오."

청년은 목사님의 얘기에 전혀 반박하거나 싫은 내색을 보이지 않았다. 아니, 오히려 그 반대였다. 청년은 그 길로 아내에게 달려가 모든 사실을 털어놓고 전세금을 빼서 빚의 일부를 갚은 뒤, 아내와 함께 서울 근교 농가의 토방을 얻었다. 부채로 시작한, 분수에 넘친 신혼살림을 남의 도움으로 유지하려 한 것이 아니라, 주어진 경제적 상황에 비로소 자신을 맞춘 것이다. 청년은 그 토방에서 서울을 오가며 자동차 정체 구간에서 뻥튀기나 오징어를 들고 파는 등, 밤낮을 가리지 않고 몸이 으스러지게 일한 끝에 몇 년 지나지 않아 빚을 전부 청산했다고 한다.

이 청년이 곤경에 빠진 것은 바로 체면 때문이었다. 사랑하는 아내를 위해 남의 눈을 의식한 것이다. 물론 그 마음은 충분히 이해할 수 있다. 하지만 체면을 따지고, 남의 눈을 의식하고, 그것에 따라 의사결정을 하게 되면, 성인成人으로 영영 바로 설 수 없다. 성인임을 나타내는 표식이 경제적 자립과 정신적 자립이라면, 진정한 어른이 되는 길은 체면을 버리고 자신의 상황에 맞게 독립적으로 의사를 결정하는 것이다.

체면을 버리는 것은 최고의 경쟁력이다

평생 현역으로 살기 위해 체면을 버리는 것이 얼마나 중요한지 깨닫게 된 계기가 또 하나 있다. 1975년 신입사원 시절, 일본 동경증권거래소에 파견되어 연수를 받을 때였다. 당시 일본 전체 인구 중에서 65세 이상 인구가 차지하는 비중은 8%대로, 현재 우리나라(11%)의 비중보다 낮은 상황이었다. 그런데도 지금 생각해보면, 일본 노인들은 이미 체면을 버리고 일을 하겠다는 마음가짐을 갖고 있었던 것 같다.

연수기간 중 증권 보관기관을 방문한 날이었다. 주식과 채권을 보관하는 시설을 견학하다 놀라운 광경을 맞닥뜨리게 되었다. 족히 70세는 되었을 것 같은 노인 100여 명이 둘러앉아 증권을 세거나 분류하는 작업을 하고 있는 것이다. 당시만 해도 IT가 지금처럼 발달하지 않아서 수작업이 필요하던 시절이었는데, 저 정도 나이 든 분들이 그런 일을 하다니 한국에서는 좀처럼 상상하기 힘든 일이었다. 대체 저 노인들은 과거에 어떤 일을 했던 사람들이기에 여기서 일을 하고 있을까, 하는 궁금증이 밀려들었다. 그래서 안내하는 사람에게 물었더니, "저분들이 지금은 증권을 세고 있지만, 젊었을 때는 공무원이나 기업체 간부로 일했던 분들입니다."라는 게 아닌가.

그들이 받는 보수는 시간당 500엔, 우리 돈으로 6,000원 정도였다. 아주 적다고는 할 수 없지만, 현역 시절 받던 보수에 비하면 터무니없는 액수일 터. 이 광경은 나중에 내가 은퇴 분야를 공부하는 내내 잊히지 않는 모습이었다.

또 다른 경험도 있다. 당시 비즈니스 호텔에 묵고 있었는데, 하루 일과가 끝나고 저녁 때 호텔에 돌아가면, 낮 시간에 프런트에서 일하던 젊은 여성들은 모두 퇴근하고, 나이 든 할아버지들이 밤 당번으로 근무를 하고 있었다. 지금도 그렇긴 하지만 당시 우리나라에서는 가히 상상도 할 수 없는 일이었다.

이때의 경험은 내 인생에도 중요한 전기가 되었다. 나이가 들어서까지 일을 하려면, 좋은 일은 젊은 사람에게 양보하고 허드렛일을 해야 한다는 사실을 자연스럽게 깨닫게 된 것이다. 허드렛일이라는 표현이 조금은 불편하게 들린다면, 눈높이를 낮춘다는 말로 바꾸어보자. 아무리 잘난 사람이라도 언제나 중심에 서서 일할 수는 없는 법이다. 자신이 '메인'이 되는 일을 하면 좋겠지만, 그렇지 못한다 해도 현실을 받아들이고 눈높이를 낮추는 자세를 갖춰야 한다.

다행스럽게 최근 몇 년 사이에 우리 사회의 분위기도 빠르게 바뀌어 가고 있다. 체면을 버리고 허드렛일이라도 하겠다는 사람들이 늘어나고 있는 것이다. 한 일간지를 보다가 남이섬에서 환경 미화원으로 일하고 있는 71세의 전직 교장 선생님을 소개한 기사를 읽은 적이 있다. 남이섬에는 하루 1만 명 정도의 관광객이 드나드는데, 이들이 버린 쓰레기를 4명의 미화원이 치운다고 한다. 이렇게 힘든 일을 하고 월 100만 원 정도를 받는 데다 교장에 비해 대접을 덜 받는 직업일지 모르지만, 그분이 느끼는 자부심은 예전과 똑같다고 했다. 그 전직 교장 선생님은 일하는 즐거움과 환경을 가꾸는 보람을 안고 일터로 향하는 자신을, '행복한 미화원'이라고 소개했다. 그 밖에 지하철 택배 일을 하는 전직 무역회사 사장과 리서치 회사의 전문 조사요원으로 일하는 전직 대기업 간부 등, 체면을 버리고 주위의 시선을 의식하지 않은 채 당당하게 일하는 사람들이 우리 사회에도 점차 늘어나고 있다.

앞서 말한 전직 교장 선생님은 일하는 데 가장 장애물이 되는 것은, 고된 일이 아니라 예전에 함께 일하던 동료들의 눈길이라고 했다. 간혹 다른 교장 선생님들로부터 왜 그런 일을 하느냐는 항의전화가 걸려온다는 것이다. 이 이야기를 듣고는 아무리 세상에 여러 부류의 사람이 있다 해도, 남의 일에 필요 이상으로 간섭하는 사람이 있다는 사실이 놀랍기만 했다.

하지만 후배들에게 내가 하던 일을 물려주고 새로운 인생을 시작하는 마당에, 귀하고 천한 일이 어디 있겠는가. 직업에는 본래 귀천이 없는 법이지만, 후반 인생일수록 더욱 그러할 것이다. 이러한 생각이야말로 늘어난 인생을 준비하는 데 가장 큰 장애물이 아닐까?

개인적인 경험에 비추어볼 때, 노후에 일을 꼭 해야 하는 이유는 하나 더 있다. 똑같은 노후자금을 갖고 있더라도, 일이 있는 사람과 그렇지 않은 사람의 차이는 크다. 소일거리라도 하는 사람은 마음이 덜 불안하지만, 아무 일도 하지 않는 사람은 쓸데없이 욕심을 내거나 겁을 내기 마련이다. 자신의 일에 전념하며 현명하게 수입을 관리할 수 있다는 점 때문에라도, 평생 현역이야말로 최고의 노후 대비라 할 수 있을 것이다.

게다가 오늘날과 같은 저금리 시대에는 한 달에 50만 원만 벌어도, 은행에 2억 원의 정기예금을 넣어둔 것과 마찬가지의 효과를 발휘한다. 정기예금 2억 원을 모은다는 게 말처럼 그리 쉬운 일인가. 월 50만 원의 근로소득이 2억 원의 정기예금과 같은 효과임을 감안한다면, 평생 일하는 것이 얼마나 중요한지 알 수 있다. 한 치 앞을 알 수 없는 것이 우리네 인생이기에, 체면을 버리고 어떤 일이든 하겠다는 마음가짐이 절실히 필요한 시대다.

재테크보다
재취업에 전념하라

통상 퇴직 후에 하는 일은 대략 세 가지 정도로 나눌 수 있다. 재취업으로 수입을 얻는 일, 사회공헌활동, 자기실현을 위한 일, 즉 취미활동이다. 이 세 가지 중에서 퇴직자들이 가장 하고 싶어 하는 것은 역시 재취업이다. 사실 퇴직 전까지 모아 놓은 돈으로 여유 있는 노후를 보낼 수 있는 사람은 그리 많지 않기 때문이다.

2010년 미래에셋은퇴연구소가 55세 이상 퇴직자 500명을 대상으로 생활실태 조사를 한 결과를 보면, 충분한 준비 없이 퇴직해서 어렵게 살고 있다는 대답이 무려 61%에 달한다고 한다. 그런데 문제는 재취업을 하고 싶어도 현실이 희망과 다르다는 데 있다. 재취업을 앞두고 절박한 마음가짐을 가져야 하는 이유다.

재취업의 의지를 확고히 하라

●

재취업을 하려면 무엇보다 재취업의 중요성을 절실히 깨달아야 한다. 대부분의 퇴직자들이 퇴직한 후에 마땅히 오라는 데도 없는 데다, 어떻게든 되겠지 하는 막연한 생각으로 적극적인 구직활동을 하지 않은 채 몇 개월이라는 시간을 흘려보낸다. 그동안 열심히 일했으니 조금 쉬고 싶은 마음이 드는 것도 당연할 것이다.

하지만 곧장 취업전선에 뛰어들지 않으면, 차후 상황은 더더욱 어려워질 수밖에 없다. 대부분의 퇴직자들이 줄어든 수입에 경제적 압박감을 느끼는 것은 물론, 가정과 사회에서 점점 존재감이 사라져가는 상실감에 부딪히게 된다. 뒤늦게 재취업 활동에 뛰어들어보지만, 공백 기간만큼 취업은 더욱 어려워질 뿐이다. 주위에서 재취업에 성공한 사람들을 보면, 경력의 공백 기간이 그리 길지 않다는 공통점을 발견할 수 있다. 따라서 재취업에 대한 굳건한 의지와 신속한 실행력이야말로, 성공 여부를 결정짓는 포인트라 할 것이다.

곧바로 구직활동에 전념한다 해도 퇴직자들에게 재취업은 어려운 일이요, 엄청난 시간과 노력이 소요된다. 따라서 체계적인 계획 아래 전략적으로 접근할 필요가 있다. 현역 시절에 구축했던 인적 네트워크를 활용하는 것은 물론, 여러 인재은행, 시니어 워크넷이나 실버취업과 같은 특화된 채용 사이트 등을 통해 적극적으로 찾아나서야 할 것이다.

반드시 눈높이를 낮춰라

둘째, 앞서도 잠시 언급했듯이 반드시 눈높이를 낮춰야 한다. 지금처럼 청년실업이 넘쳐나는 시대에 재취업을 하려면, 기본적으로 젊은 세대가 할 수 없는 일이거나 할 수 있다 해도 남들이 하려고 하지 않는 일을 찾아야 유리하다. 그러다 보면 결국 허드렛일에 가까운 일일 때가 많고, 이전과 똑같은 일을 하는데도 급여는 비교가 안 될 만큼 낮을 수도 있다. 이럴 경우 자신의 가치가 떨어진 게 아니라, 전 직장에서 연공서열에 따라 공헌도 이상으로 받았던 금액, 다시 말해 '지불초과분'을 못 받게 된 결과라 생각하고 눈높이를 낮추는 자세가 필요하다.

눈높이를 낮춰 재취업에 성공한 사례로, 서울강남시니어클럽 소속 설문조사원으로 활동 중인 여현길 씨를 소개하고 싶다. 강남시니어클럽은 전국 84개 시니어클럽 중 하나로, 60세 이상의 시니어 세대들에게 일자리를 소개하는 기관이다. 현재 360여 명의 시니어들이 회원으로 가입해 시험감독, 주례, 통역, 번역, 설문조사, 유통업체 스태프 등과 같은 일자리를 소개받고 있다. 그는 현재 행정안전부에서 실시하는 정보화통계조사와 지식경제부에서 실시하는 산업기술인력 수급동향실태조사 등에서 활동 중이다.

그의 일과를 보면, 아침 9시경에 설문지를 들고 집을 나서서 하루에 10여 군데를 방문한다. 약속을 하고 찾아갔는데 상대가 자리에 없거나 지금은 바쁘니 나중에 오라고 거절당할 때도 있다. 그렇다고 화를 낼 수도 없는 일. 조사에 응해주는 것만이라도 고맙다는 생각으로 다시 방문해야 한다. 설문조사를 마치고 집에 돌아오면 저녁 6~7시. 저녁식사를 한 후에는 설문지 정리 작업에 들어간다. 다음날 방문할 장소의 리스트까지 작성하다 보면, 보통 10시나 되어야 하루 일과가 끝이 난다. 60대 후반의 나이에 물리적으로라도 결코 쉬운 일이 아니다.

그럼에도 그가 이 일을 하는 이유는, 일이 끊이지 않고 주어지기 때문이다. 그는 2년 가까이 이 일을 하면서 조사원이 갖춰야 할, 자기만의 노하우를 체득했다. 가볍게 여기고 이 일을 시작했다가 한 달을 넘기지 못하고 하차하는 사람들도 부지기수라고 한다. 사람들을 대하는 요령이 서툴 뿐 아니라, 조사원의 대부분이 고학력자들인 관계로 조금만 섭섭한 일을 당하면 내가 왜 이런 대접을 받아야 하냐며 관두기 때문이다.

여현길 씨는 대학 졸업 후 40년 가까이 때로는 샐러리맨으로, 때로는 오너로 무역업계에서 일해왔다. 그러나 국내외 업체 간 경쟁, 세대 간 경쟁이 치열해지면서 현업에서 물러나게 되었다고 한다. 그는 현역 시절 대단한 부자는 아니었지만, 자녀들을 모두 교육시키고 독립시켰으며 세 명의 손자, 손녀도 얻었다. 그러한 그가 세운 후반 인생의 목표는 자녀들에게 부담을 주지 않는 선에서 여유로운 삶을 살아가는 것. 한때 오너까지 지냈던 그였지만, 눈높이를 조금 낮추면 얼마든지 일할 수 있다는 겸허한 마인드로 제2의 인생을 살아가고 있다.

나만의 주특기를 가져라

퇴직자를 채용하려는 회사는 그 사람이 과거에 얼마나 높은 자리에 있었느냐보다는, 어떤 일을 잘할 수 있느냐를 중요하게 여기는 법이다. 따라서 재취업을 한다고 무작정 동분서주해서는 별다른 의미가 없다. 자신이 잘할 수 있는 일이 무엇인지를 객관적으로 분석하고, 그에 맞는 직장과 업종을 정해 효율적인 구직활동을 해야 한다. 마땅히 내세울 만한 주특기가 없는 경우에는, 성급하게 취업자리를 알아보기 전에 주특기를 만들 수 있도록 재교육을 받을 각오라도 해야 한다.

삼성물산에서 방수 마스터로 일하는 61세의 강철희 씨는 퇴직 후 소일거리를 찾는 동년배들과 달리, 자기만의 '주특기'를 살려 오히려 대기업에 스카우트된 경우다. 삼성물산은 시공 기술력 향상을 위해, 우수 기능인력을 직접 확보해 주도적으로 품질을 개선하겠다는 취지로 2006년 11월부터 기능 마스터 제도를 도입했다. 지금까지 20개 공종에 140여 명의 마스터를 채용했는데, 55세 이상이 40% 정도고, 60세 이상도 여러 명이라고 한다.

강철희 씨는 방수 전문 건설업체에서 30년 넘게 경험을 쌓은 베테랑이다. 그는 모두 3D 업종이라고 기피하는 분야임에도, 새로운 방수 기술을 시공현장에 적용하기 위해 끊임없이 노력한 덕분에 삼성의 기능 마스터로 스카우트되었다.

뛰어난 기술을 갖추긴 했지만, 그 역시 마스터 업무에 적응하는 것이 말처럼 쉽지만은 않았다고 한다. 관리와 현장의 가교 역할에 필요한 행정 경험이 전혀 없었기 때문이다. 무엇보다 30년 넘게 현장에서만 일한 탓에, 컴퓨터로 업무를 보고하는 게 만만치 않았다고. 결국에는 몇 달 동안 밤새워 공부한 후에야 겨우 행정업무를 터득할 수 있었다고 한다. 그는 현장에서 쌓은 경험을 바탕으로 회사에 기여하고 있음을 실감할 때, 말할 수 없는 희열과 보람을 느낀다. 주위의 고학력자 친구들이 대부분 퇴직해 놀고 있는데, 상당 기간은 더 일할 수 있다는 것도 커다란 축복이라고 덧붙인다.

그가 새로운 회사에 들어가서 자신의 주특기만 믿고 으스댔다면 지금쯤 어떤 모습이 되어 있을까? 직장인이 정년 후에도 어느 정도 수입을 얻을 수 있는 일을 하려면 두 가지 조건을 갖춰야 한다. 하나는 다른 사람이 대신할 수 없는 주특기를 갖는 것이고, 하나는 주위의 시선이나 평판을 의식하지 않는 마음가짐이다. 수십 년간 현장에서 터득한 전문 기술을 후배들에게 전수하는 그를 보면서, 가장 확실한 노후 대비는 평생 현역임을 다시금 실감하게 되었다.

주특기를 잘 드러내라

●

가끔 퇴직자들이 취직자리를 소개해달라며 부탁해올 때가 있다. 그런데 정작 이력서를 살펴보면 어떤 일을 담당했는지 제대로 알 수 없을 정도로, 내용이 부실한 경우가 적지 않다. 자신의 주특기나 담당했던 업무는 물론, 맡은 일의 성과 등을 자세하게 기록해야 하는데 말이다. 채용하는 기업의 입장에서는, 재취업자일수록 전 직장에서 이룬 성과 이상을 해낼 수 있는지를 면밀히 검토할 수밖에 없다.

구자삼 수원과학대학교 교수야말로 재취업을 대비해 갈고닦은 이력을 성공적으로 어필한 케이스라 할 수 있다. 물론 말처럼 쉽게 된 것은 아니다. 구 교수는 증권사 런던 지점장, 국제 본부장, 자산운용사 대표 등의 경력을 갖고 있었는데, 대학교수의 꿈에 본격적으로 도전하기 전에 3년 정도 탐색기를 거쳤다고 한다. 증권사의 국제금융분야와 자산운용사에서 일하던 그였지만, 후반 인생에 무엇을 해야 할지가 늘 고민이었다. 임원으로 재취업을 한다 해도 보통 2~3년으로 수명은 길지 않다. 그는 어느덧 50대 중반이 된 자신의 경쟁력이 무엇인지를 곰곰이 생각한 결과, 25년 이상 국제금융업계에서 일하면서 쌓은 국제적인 경험과 비즈니스 마인드, 영어 능력이 가장 큰 무기라는 결론을 내렸다. 현역 시절에 익힌 국제금융 지식과 중견 기업에서의 경험을 접목시키면, 대학 강단이나 경영 컨설팅 분야에서 활동할 수 있겠다고 착안한 것이다. 그는 이를 위해 금융에 대한 체계적인 공부와 대학교수 임용 시 필요한 박사 학위에 도전하기로 했다. 55세의 나이에 시작한 공부가 만만치는 않았지만, 각고의 노력 끝에 4년 만에 자신의 과거 경험을 체계화한 논문을 마무리할 수 있었다. 그리고 실무 경험이 있는 교수를 채용하는 대학이 늘어나는 추세에 힘입어,

우송 대학교를 거쳐 지금은 수원과학대학교에서 후진을 양성하는 교수로 일하고 있다. 환갑이 가까운 나이에 박사 학위를 취득해 대학교수에 도전한 데는 운도 따랐겠지만, 무엇보다 자신의 강점을 바탕으로 그에 필요한 자격을 준비했기 때문에 성공할 수 있었을 것이다.

무작정 재취업에 도전하기보다 퇴직 후 이력서에 써넣을 주특기가 무엇인지, 경력이 무엇인지를 고민해보자. 딱히 내세울 것이 없다고 실망할 필요는 없다. 지금부터라도 나아갈 방향을 정해 차근차근 준비해간다면, 준비된 자에게 기회는 얼마든지 찾아오게 되어 있다.

전 직장과 비교하지 마라

대기업에서 근무하다 중소기업에 재취업하는 경우, 회사의 시스템이나 시설이 아무래도 미흡할 수밖에 없다. 큰 조직에서는 자기가 맡은 일만 열심히 하면 됐지만, 작은 회사에서는 심한 경우 화장실 청소까지 이런저런 잡무를 해야 할 때도 적지 않다. 대기업의 시스템에 익숙해진 사람에게는 그러한 상황이 이해가 되지 않을 수도 있다. 그러나 대기업이 중소기업에 하청을 주는 이유는, 중소기업이 효율성 면에서 대기업보다 뛰어나기 때문이라는 점을 충분히 이해하고, 전 직장과 함부로 비교해서는 안 된다.

또 하나 더 유의할 점은 사소한 비용이라도 꼭 필요한 것인지 따져

보고 지출하는 습관이다. 가족경영 기업의 효율성이 높은 가장 큰 이유는, 오너들이 회사 돈을 자기 돈처럼 소중하게 여기기 때문이다. 대기업에서는 당연하게 지불하는 경비도 중소기업에서는 아끼는 경향이 있는 것이다. 큰 조직에 근무하다 재취업한 경우라면, 물정 모르고 돈을 낭비한다는 말을 듣지 않도록 주의해야 한다.

보람 있는 후반 인생을
꿈꾸는 사람들

최근 중산층의 기준을 놓고 이러쿵저러쿵 논란이 적지 않다. 많은 이들이 적어도 중산층으로는 살아야지, 하면서도 대체 어디까지가 중산층인지 그 기준은 모호하기만 하다. 여기서 눈여겨봐야 할 점은 우리나라 사람들이 생각하는 중산층과 주요 선진국이 말하는 중산층의 기준이 달라도 너무 다르다는 것이다.

우선 우리나라 중산층의 기준을 살펴보자. 한 연구단체가 직장인들을 대상으로 한 설문조사에 의하면, 중산층의 기준을 ① 부채 없이 30평대 이상의 아파트를 소유하고 있을 것, ② 월 급여 500만 원 이상일 것, ③ 2000cc 이상의 자가용을 소유하고 있을 것, ④ 예금 잔고 1억 원 이상일 것, ⑤ 연 1회 이상 해외여행을 다닐 만큼 경제적 여유가 있을 것 등으로 나타났다. 척 봐도 모든 기준이 경제적 기준, 즉 물질적인 내용임을 알 수 있다.

반면 미국의 공립학교에서 가르치는 중산층의 기준을 보면, ① 자신의 주장에 떳떳하고, ② 사회적 약자를 도와야 하며, ③ 부정과 불법에 저항할 만한 용기가 있고, ④ 그 밖에 정기적으로 비평지를 받아 볼 것으로 되어 있다.

영국 옥스퍼드 대학에서 제시한 중산층의 기준 또한 이와 비슷하다. ① 페어플레이를 할 것, ② 자신의 주장과 신념을 가질 것, ③ 독선적으로 행동하지 말 것, ④ 약자를 두둔하고 강자에게 당당하게 맞설 것, ⑤ 불의, 불평, 불법에 의연히 대처할 것으로 되어 있다.

다음은 프랑스의 퐁피두 전 대통령이 '삶의 질'이라는 연설에서 제시한 중산층의 기준이다. ① 외국어를 하나 정도는 할 수 있어야 하고, ② 직접 즐기는 스포츠가 있어야 하며, ③ 다룰 줄 아는 악기가 있어야 하고, ④ 남들과 다른 맛을 내는 요리를 만들 수 있어야 하고, ⑤ 대중의 분노에 의연히 동참해야 하며, ⑥ 약자를 도우며 봉사활동을 꾸준히 할 것으로 되어 있다.

미국, 영국, 프랑스의 중산층 기준과 비교할 때 우리나라 사람들이 생각하는 기준이 얼마나 물질적인지를 알 수 있다. 물론 이들 세 나라의 경우에도 중산층 기준에 맞는 생활을 하려면 어느 정도 경제력이 뒷받침되지 않고서는 불가능할 것이다. 그러나 선진국의 기준은 살고 있는 아파트 평수, 자동차 크기, 소비수준 등에 얽매이지 않으면서도 얼마든지 품위 있는 중산층이 될 수 있음을 보여준다. 물질적인 기준에만 집착하는 우리나라 사람들이 한 번쯤 생각해볼 주제가 아닐까.

난데없이 중산층에 대한 이야기를 꺼낸 이유는, 행복한 후반 인생을 보내는 데 '돈'이 절대적인 조건이 돼서는 안 된다는 생각 때문이다. 가령 노후 생활비가 충분한 사람들은 일을 할 필요가 없는 것일까? 꼭 그렇지만은 않다.

얼마 전 증권업계에서 함께 일해온 친구 몇 명과 저녁을 함께할 기회가 있었다. 모두 정년까지 일했거나 아직도 일을 하고 있기 때문에, 생활하는 데는 큰 걱정이 없는 친구들이다. 요즘 우리 사회 기준으로 말한다면, 혜택받은 친구들인 셈이다.

그런데도 저녁 내내 화제가 된 것은 '앞으로 남은 인생을 어떻게 보낼 것인가'였다. 큰 병만 걸리지 않는다면 앞으로도 30년 정도는 더 살 수 있는 상황에서 무엇을 하며 살아갈지가 모두의 관심사인 것이다.

우리보다 일찍 고령화를 경험한 국가에서는 확실히 오래 전부터 이런 관심사에 주목해온 듯하다. 일본의 저명한 경제평론가이자 경제기획청 장관까지 지낸 사카이야 다이이치가 쓴 《고령화 대호기》라는 책을 읽은 적이 있다. 지금과 같은 고령화 시대에 매력 있는 노인으로 살아가려면 무엇을 준비해야 하는지를 쓴 책이다. 이 책을 보면 '동서양을 막론하고 인류는 역사적으로 유아 사망을 제외한 건강수명의 6할 정도를 일해왔다'는 대목이 나온다. 80세까지만 산다고 가정해도, 대학을 졸업하는 20대 초반부터 70세까지는 일을 해야 한다는 결론이다. 꼭 경제적인 이유 때문이 아니더라도 건강을 위해서나 삶의 보람을 위해 무언가를 해야 한다는 얘기다.

금융회사 CEO에서 사랑의 집짓기 CEO로

●

어느 정도 경제적 기반을 갖춘 사람이라면, NPO 활동으로 보람 있는 후반 인생을 보내는 것도 좋은 방법이다. NPO란 'non-profit organization'의 줄임말로, '민간 비영리 조직' 또는 '비영리 활동' 등으로 번역할 수 있다.

대표적인 NPO 단체로 어려운 이웃에게 집을 지어주거나 수리를 해주는 해비타트라는 단체를 소개할까 한다. 1976년 미국의 젊은 변호사 밀라드 풀러Millard Fuller 부부에 의해 시작된 해비타트운동은 현재 전 세계 100여 개 국가에 확산되었고, 우리나라는 1989년에 시작되었다.

이 단체에서 부이사장을 맡고 있는 이창식 회장은 금융회사의 최고경영자 출신이다. 이 회장은 푸르덴셜투자증권 부회장을 끝으로 38년간의 금융인 생활을 마치고, 2004년 한국해비타트의 상근이사를 맡으면서 본격적으로 NPO 활동을 시작했다. 이 회장과 한국해비타트와의 인연은 1980년대 초로 거슬러올라간다. 자원봉사를 같이 했던 사람들이 한국해비타트 설립에 주도적으로 참여하면서, 이 회장도 자연스레 자원봉사자 겸 후원자로 활동을 하게 되었다. 그 뒤로 1997년부터는 이사로, 은퇴 후인 2005년부터는 상임이사 및 후원자로 일해오다가 지금은 해외원조단체 협의회 회장까지 맡고 있다.

이 회장이 NPO 활동을 하며 후반 인생을 보내기로 한 결심은, 하루아침에 갑작스레 하게 된 것이 아니다. 그는 "현역 시절부터 틈나는 대로 봉사에 참여하고 후원금을 지원한 것이 한국 해비타트에서 활동할 수 있었던 토대"라고 말한다. 오랫동안 금융회사의 최고경영자로 일했던 경험 또한 한국해비타트에 경영 마인드를 입히는 데 큰 도움이 되었다고 한다.

한국해비타트에는 그 외에도 활동에 참가하고 있는 은퇴자들이 많은 편이다. 상근 직원 50명 중 10명이 은퇴자들인데 건설설계사무소장, 건설시행사 임원, 대기업 계열사 홍보담당 간부, 은행 준법 감시인 등으로 출신 또한 다양하다. 이 회장은 은퇴자들을 고용하면 좋은 점으로, 전문성을 갖추고 있을 뿐 아니라 생업에 종사하는 게 아니기 때문에 오히려 책임감이 강하다는 점을 들었다. 제2의 인생에서 보람을 찾기 위해 일하러 온 이들이기 때문에 더 적극적으로 활동한다는 것이다. NPO라고 해서 아무런 보수도 받지 않고 일하는 것은 아니다. 한국해비타트의 경우 일주일에 3일 정도 일하는 봉사자들에게 월 100만 원 정도를 지급하고 있다.

주목받는 NPO 활동

NPO는 단순한 자원봉사volunteer와는 다르다. 일반적인 자원봉사는 100% 무보수를 원칙으로 하는데, NPO는 약간의 보수를 받는 것을 포함한 개념이다. 예를 들어 시간당 적정 임금 수준이 5,000원인데 2,000원을 받고 일한다면, 그 차액인 3,000원만큼을 자원봉사로 본다는 것이다. 아무리 자원봉사라 해도 대가 없이 오래 일하기란 결코 쉽지 않다. 교통비와 점심값 정도에 해당되는 보수를 지급해야 능력 있는 봉사자들이 오랜 기간 일할 수 있다.

미국에서는 NPO에서 일하는 사람들도 취업인구에 포함시킨다. 현재 미국에는 200만 개의 NPO가 활동하고 있는데, 여기서 일하는 사람들이 전체 취업인구의 10% 정도를 차지한다. 심지어 미국의 주요 직업을 기재하는 란에 NPO라는 직업군이 포함되어 있을 정도다.

미국 미시건 대학에서 실시한 '미국 베이비부머세대의 은퇴 후 자원봉사 현황 조사'에 따르면, 전체의 70% 정도에 이르는 은퇴자들이 공식·비공식적으로 자원봉사에 참여하고 있고, 은퇴 이전에 자원봉사를 해본 경험이 있는 사람이 은퇴 후에도 적극적으로 참여하는 것으로 나타났다. 이창식 회장의 경험이나 미국 은퇴자들의 경험을 볼 때, 보람 있는 후반 인생을 보내기 위해서는 현역 시절부터 꾸준히 활동하는 것이 중요함을 알 수 있다.

옆 나라 일본도 1995년 일본 고베 대지진 이후로, NPO의 활성화를 위해 많은 정책적 노력을 해왔다. 대지진 발생 후 재해복구 사업을 하는 데 정부와 전통적인 공익 단체들이 이렇다 할 공헌을 하지 못하고, 이른바 '풀뿌리 NPO'나 자원봉사 단체들이 눈부신 활약을 한 데서 기인한 것이다.

당시 그런 상황을 반영해 일본의 정책 당국, 학자, 정당, NPO 관계자들이 의견을 모아서 NPO 법안을 제출하기에 이르렀고, 결국 1998년에 '특정비영리활동촉진법(NPO법)'이 제정, 시행되었다. NPO법은 민법의 특별법으로 의료, 복지, 교육, 환경, 문화, 재난구호 등 17개 분야에서 비영리활동을 하고자 할 경우, 10명 이상의 참가자만 있으면 기본 재산이 없더라도 간단한 수속을 거쳐 특정 비영리활동 법인자격을 취득할 수 있도록 한 법이다. 법안 통과 후 법인자격을 얻은 NPO 단체의 설립 붐이 일어나면서, 일본의 상당수 은퇴자들이 설립 주체로 참여하고 있다.

앞으로 우리나라도 일본처럼 NPO 활동이 크게 활성화될 것으로 보인다. 여러 이유가 있겠지만, 경제력이 커지고 사회가 성숙할수록 NPO의 역할이 그만큼 커질 수밖에 없기 때문이다. 기본 생활비 정도는 갖추고 있으면서 사회 공헌을 통해 인생의 보람을 찾으려는 은퇴자들이 그만큼 많아질 거라는 얘기다.

하지만 조심해야 할 점도 있다. 언론 등에 보도된 성공사례만 보고 쉽게 활동할 수 있을 거라 생각한다면 큰 오산이다. 막상 별다른 각오나 아무런 경험 없이 시작한 후에, 피로함을 호소하는 이들도 적지 않다. 남들이 고마워하지 않더라도 내가 좋아서 한다는 각오 없이는 할 수 없는 일이라 보는 것이 바람직하다.

건설회사 대표에서 화가로

후반 인생을 자원봉사로 보내는 사람이 있는가 하면, 오롯이 자기 자신을 위해 투자하는 사람도 있다. 서양화가 이서형 화백이야말로 고용 정년 후 남은 시간을 자기 자신에게 고스란히 투자한 대표적인 은퇴자로 꼽을 만하다.

그의 인생 2막은 2002년 금호산업 고문직에서 물러나면서 시작되었다. 6개월의 준비를 거쳐 만 59세가 되던 해 그는 용인대학 회화과에 편입하면서 어린 시절부터 꿈이었던 화가가 될 것을 선언했다. 아무리 하고 싶었던 일이었다지만, 60이 다 된 나이에 학부 2년과 예술대학원 2년을 20대 청년들과 같은 교실에서 경쟁하면서 공부한다는 것이 말처럼 쉽지만은 않았을 터. 그는 힘을 빼고 학생의 자세를 갖추는 노력부터 시작했다. 현대미술용어사전을 구입해 기초부터 익히고, 전공실기수업에 다른 이들보다 2배는 더 많은 시간을 투자했다. 명절이면 도시락을 2개씩 싸들고 학교에 갈 정도였다고 하니, 그가 흘린 땀은 이루 말할 수 없을 것이다. 노력은 마침내 결실을 맺었고 첫 개인전을 여는 데 성공했지만, 그는 안주하지 않았다. 그는 학교와 작업

활동에만 전념하기 위해 비즈니스나 사교와는 과감하게 담을 쌓겠다고 선언한 채, 아마추어가 아닌 프로 무대로 나아가기 위해 노력하고 있다.

그는 퇴직을 앞두고 후반 인생을 준비하는 이들에게 가장 먼저 확실한 목표를 정하라고 말한다.

"직장생활을 하거나 아이들을 키우느라 대부분 하고 싶고 가고 싶고 보고 싶은 것을 해보지 못했을 겁니다. 바로 여기서부터 고민을 시작해보는 겁니다. 가령 역사를 공부했거나 좋아하는 사람이라면 특정 시대, 특정 지역의 세계사에 깊이 몰두해보는 식입니다. 목표를 정하면 동기가 생깁니다. 가능하다면 은퇴 직후에 바로 시작하는 것이 좋습니다. 앞으로 시간이 많으니 일단 친구들이랑 골프 좀 치다가, 그냥 좀 쉬다가 해도 될 거라고 생각하면 내내 그렇게 살기 쉽습니다. 정년으로 인해 드디어 소중한 내 시간이 생겼다는 것을 잊지 말아야 합니다."

평범한 직장인에서 문화유산 해설가로

많은 사람들이 정년퇴직 후에도 활기찬 생활을 하려면, 무엇보다 돈이 많아야 한다고 생각한다. 사실 일정한 수입이 없으면 외부 활동이 여간 부담스러운 게 아니다. 하지만 큰돈 들이지 않고도 은퇴 후 자기실현을 위한 삶을 살아갈 수 있다. 문화유산 해설가로 활동하는 이상

벽 씨도 은퇴 후 자기실현의 꿈에 뛰어든 경우다.

그는 현재 70대 중반의 나이에도 불구하고 주 3~4회 정도 국립박물관, 중앙민속박물관, 고려대박물관, 서울대 규장각 등에 가서 문화유산 관련 강좌를 듣고 공부를 한다. 또 주 3회 정도는 경복궁, 덕수궁, 창덕궁, 창경궁, 경희궁, 종묘 등에서 문화유산 해설가로 활약하고 있다. 주로 초중고 학생들을 대상으로 짧게는 2시간, 길게는 4~5시간씩 고궁의 역사와 그에 얽힌 비화 등을 재미있게 설명해 인기를 끌고 있다고 한다.

이상벽 해설가는 1937년 충남 부여에서 태어났다. 그 때문에 10대 중반까지 백제의 다양한 문화유산을 가까이서 접할 기회가 많았다고 한다. 그는 "고향이 부여라서 그런지 태어날 때부터 문화유산에 자연적으로 관심을 갖게 된 것 같다."고 말한다.

문화유산과의 인연은 그가 대학을 졸업한 뒤 다시 살아났다. 1961년 한국전력에 입사해 발령받은 첫 근무지가 충남 공주시였던 것. 공주는 부여와 마찬가지로 백제 문화가 생생하게 살아 숨 쉬는 곳이다. 특히 그가 문화유산의 '소극적인 관찰자'에서 '적극적인 답사가'로 첫발을 내딛게 된 데는 당시 그의 상관이었던 한전 공주 지점장의 영향이 컸다고 한다. 전문가 못지않게 문화유산에 대한 지식이 풍부했던 상사를 따라 유적지를 다니면서 문화유적에 대한 지식과 견문을 넓힐 수 있었다.

그 후 그는 근무지가 바뀔 때마다 시간을 내서 인근의 문화유산을 찾았다. 충남 당진군에서 근무할 때는 안국사, 수덕사, 개심사, 추사

김정희 고택 등을 둘러보았다. 경남 마산시와 강원 춘천시 등에서 일할 때도 틈만 나면 근처의 문화유산을 탐방했다.

1993년 《나의 문화유산답사기》가 출간된 이후부터는 그 책을 지도 삼아 문화유산을 체계적으로 답사하기 시작했다고 한다. 35년 동안 몸담았던 한전을 퇴직한 후에도 한동안 문화유산 답사를 멈추지 않았다. 그는 "《나의 문화유산답사기》에 나오는 문화유산의 85% 정도를 직접 답사한 것 같다."고 말한다.

그러한 그가 문화유산 해설가로 입문한 것은 2004년이다. 한국전력을 그만둔 후 민간 기업에 재취업해 일하다가 쉬던 중에 집으로 날아든 전단지를 본 것이 계기가 되었다. 성공회가 운영하는 종로시니어클럽에서 '60세 이상 종로구 거주자로서 문화유산 해설에 관심이 있는 사람'을 모집한다는 내용이었는데, 전단지를 읽는 순간 '바로 이거다'라며 정신이 번쩍 들었다고 한다.

문화유산 해설가가 되기 위해 그는 종로시니어클럽 부설 문화유산 해설가 양성과정(주 5회 16주), 서울시립대학 부설 서울시민대학 조선문화강좌(주 1회 16주), 국립민속박물관 문화유산 해설지도사 교육과정(주 1회 16주)을 수료했다. 또한 양성과정을 듣는 것만으로는 부족하다는 생각에 관련 서적들을 찾아 읽었다. 지금까지 읽은 책만도 《마음으로 읽는 궁궐》, 《조선도 몰랐던 조선》, 《조선왕조실록》, 《이야기 한국사》, 《조선 미술사》, 《화인열전》, 《완당평전》 등 50여 권에 이른다. 언젠가는 그동안 해설해온 문화유산을 계절별로 촬영해 책으로 내볼

계획도 갖고 있다고 한다.

공부를 한다고는 했지만 막상 문화유산 해설가로 나서기란 쉽지 않았다. 그래서 연습 삼아 무작정 경복궁 등에 나가 관람나온 학생들을 붙잡고 설명해주기 시작했다. 친근한 분위기를 연출하고 쉽게 다가가기 위해 밝은색 옷까지 사 입었다니, 정말 대단한 의지라고 할 수밖에.

그런 노력 끝에 베테랑 해설가가 된 그는 관람객의 나이에 따라 관심을 보일 만한 소재를 적절하게 선별하는 수준에까지 올라 있다. 예를 들어 어린 학생들에게 인왕산 치마바위를 소개할 때는, 중종과 왕비 신씨의 애틋한 사랑 이야기로 시작하면 반응이 좋다고 한다. 정도전과 무학대사가 궁궐터를 잡던 과정을 들려주면, 명당에 관심 있는 나이 든 관람객들이 집중해서 듣는다고 한다.

그는 큰돈을 들이지 않고 품격 있는 강좌를 들을 수 있고, 자신이 공부한 내용을 젊은 학생들에게 설명해주는 지금의 생활에서 진정한 행복을 느낀다고 한다. 70대가 아닌 20대 청년으로 돌아간 기분이라는 것이다. 그는 "저와 비슷한 나이의 사람들 중에 우울증에 걸리는 이들도 많다는데, 저는 하루하루가 어떻게 지나가는지 모를 만큼 바빠서 우울증에 걸릴 시간이 없을 정도입니다."라고 말한다.

그는 자신과 비슷한 처지에 있는 사람들이나 후배들에게, 주위를 돌아보면 경제적 부담 없이 자기계발을 하며 보람을 느끼는 일을 얼마든지 찾을 수 있다고 조언한다. 관심을 갖고 노력하면 누구나 활기찬 후반 인생을 보낼 수 있다는 것이다. 그의 경우는 현역 시절의 취미

활동을 정년 후 자아실현으로 연결시켰을 뿐 아니라, 노후자금 마련에도 성공한 사례라고 할 수 있다.

　물론 이웃을 돕는 것도, 마음속에 숨겨둔 꿈을 이루는 것도, 어느 정도 경제적으로 안정된 사람들에게 해당되는 이야기일 것이다. 하지만 여기서 우리가 생각해봐야 할 것은 생활비를 벌기 위해 일을 하든, NPO 활동을 하든, 젊은 시절부터 준비하지 않으면 보람 있는 후반 인생은 멀어진다는 사실이다. 지금 당신의 모습이 당신의 정년 후를 결정짓는다고 하면, 지나친 비약일까.

3

자녀, 투자인가 비용인가

행복한 후반 인생을 위해서는,
의식을 개혁할 만큼 남다른 각오가 필요하다.
그 의식 개혁의 중심에 존재하는 것이 자녀 리스크다.
자녀 리스크의 본질을 제대로 파악하고 독립적인 자녀로 키우는 것이야말로,
행복한 인생 2막을 결정짓는 중요한 열쇠일 것이다.

부모의 품으로 귀환하는 자녀들

강의를 하면서 만나는 중장년층의 고민을 들어보면, 크게 다르지 않아 보인다. 어쩌면 똑같다 해도 과언이 아닐 것이다. 늘어난 인생을 준비하는 것이 얼마나 중요한지 알고는 있지만, 하나같이 저축을 하거나 투자할 여유가 없다고들 한다. 가장 큰 이유 중 하나가 바로 자녀의 교육비다. 사교육비 문제가 사회 문제로 공론화된 것이 어제오늘 일이 아니건만, 안타깝게도 아직까지 이렇다 할 묘안은 없어 보인다.

교육비는 고정적인 성격을 띠고 있어서, 한번 나가기 시작하면 좀처럼 줄이기 어렵다. 불안 심리도 어느 정도 작용한다. 옆집 누구누구가 어느 학원에 다녀서 성적이 올랐다면, 괜한 불안감에 휩싸인다. 우리 애만 뒤처지는 것 같은 기분이랄까. 가계 경제가 골병이 드는 걸 알면서도, 너도나도 사교육 경쟁이라는 폭주 기관차에 올라타게 되는 이유다. 부모라면 이 정도는 해줘야지 하고 생각하는 것이다.

하지만 지금처럼 평균수명이 늘어난 시대에는, 좋은 부모, 좋은 자식에 대한 기본적인 정의부터 재정립할 필요가 있다. 지금까지 좋은 부모란 자식들에게 모든 걸 베풀어주고, 자녀가 사회에 나가서 경쟁에 뒤처지지 않도록 최선을 다해 뒷바라지해주는 부모를 의미했다. 물론 수명이 60~70세인 시대에는 지극히 당연한 행동이었을 것이다. 문제는 이러한 생각이 100세 시대에는 몸에 맞지 않은 옷처럼 어울리지 않는다는 점이다. 더 이상 자녀는 부모를 책임질 여력이 없기 때문이다.

아무런 소득 없이 지내야 하는 노년기에 접어들면, 부모는 그동안 자식에게 베풀었던 사랑을 돌려받기를 원하게 된다. 아무리 사랑으로 키웠다 해도, 어느 정도 보상을 기대하는 것이 인간의 자연스러운 심리다. 그러나 문제는 자녀들의 형편이 만만치 않다는 것. 지금의 중장년층도 마찬가지지만, 그들의 자녀들이 돈을 벌어 부모를 모시기란 더더욱 쉽지 않다. 아니, 어쩌면 현실적으로 불가능할지도 모른다.

언젠가 노후설계와 관련된 일본 서적을 읽다가 '자녀 리스크'라는 단어를 보게 되었다. '아니, 사랑스러운 아이들이 어째서 리스크가 된단 말인가?' 하는 마음에, 저절로 관심을 갖고 꼼꼼히 읽어보았다.

내용인즉슨 아무리 크게 성공해 많은 돈을 벌었다 해도, 자식들을 돕느라 노후에 큰 어려움에 처할 수도 있다는 이야기였다. 예를 들어 결혼한 자녀가 갑자기 찾아와 신용불량자가 되게 생겼으니 돈을 빌려달라고 하면 어떻게 하겠느냐는 것이다. 자녀가 클수록 원하는 자금의 규모가 커지기에, 그만큼 리스크도 커질 수밖에 없다. 이는 비단 일본의 얘기만은 아닐 것이다. 성인이 되면 부모 곁을 떠나 독립적으로 살아가는 미국도 사정은 비슷하다. 이혼이나 재정상의 이유로 부모에게 돌아오는 자녀들이 미국 베이비부머세대의 노후에 걸림돌이 되고 있다니 말이다. 한마디로 부모의 품으로 '귀환하는 자녀들'이다.

우리나라에도 비슷한 사례가 적지 않다. 노부부가 노후자금으로 간신히 약간의 돈을 마련해두었더니 아들이나 사위가 와서 도움을 청한다. 부모 입장에서 무작정 외면할 수는 없는 노릇. 평생 아끼고 아껴서 모은 돈을 사업자금으로 다 내어주고 노부부가 지하 쪽방에 사는 신세로 전락했다는 이야기는, 드라마가 아니라 현실에서도 종종 볼 수 있다. 다음은 어느 지방 도시에 강의하러 갔다가 복지담당 공무원으로부터 들은 이야기다.

"요즘은 자식 없는 노인들이 차라리 속 편하겠다는 생각이 들 때가 있습니다. 몸이 불편하고 생활이 어려운데 자식이 없는 분들은 괜찮은 요양시설에 들어갈 수 있고, 정부로부터 지원금도 받기 때문에 살아가는 데 큰 지장은 없습니다. 문제는 꼭 도움을 받아야 하는 처지인데도 자식이 있어서 혜택을 받을 수 없는 분들입니다. 그런 분들을 도와드리려고 조사해보면 자식들이 부모 명의로 외제차를 구입한 뒤 할부금을 갚지 않는다거나, 부모 명의로 사업자 등록을 내어 사업을 하다 실패해서 잠적해버린 경우도 있습니다. 그런 분들은 도와드리고 싶어도 도무지 방법이 없습니다. 참으로 안타까운 일이죠."

상황이 이렇다 보니 독거노인들의 죽음을 알리는 뉴스는 이제 더 이상 새삼스럽지 않다. 고독사孤獨死가 아니라 고독생孤獨生이 문제라는 말까지 나오는 상황에서, 자식들에게 부양을 기대하는 것이야말로 꿈같은 이야기가 아닐까.

우리보다 비교적 일찍 고령화 시대에 대비해온 일본에서도, 굶어죽는 노인들이 있다고 한다. 얼마 전 일본 규슈에서는 "주먹밥 한번 배부르게 먹어봤으면 소원이 없겠다"는 유서를 남기고 세상을 떠난 노인이 화제가 되기도 했다. 사연인즉슨 나이가 들어 몸이 불편하고 경제적으로 어려워진 노인이 구청에 도움을 요청했는데, 담당 공무원이 서류를 살펴보고는 아들이 있으니 아들에게 도움을 청하라며 거절한 것. 하지만 정작 아들은 어디에 있는지 연락도 닿지 않는 상황이었기에, 노인은 배고픔을 이기지 못하고 쓸쓸히 숨을 거두었다고 한다.

자녀, 어디까지 도와줘야 할까?

이처럼 냉혹한 현실을 알면서도, 내 자식만은 어떻게든 끝까지 책임져야겠다는 것이 부모들의 속마음일 것이다. 하지만 현실은 우리가 생각하는 것보다 훨씬 더 심각하다. 미래에셋은퇴연구소의 조사에 의하면, 우리나라 5060세대 648만 가구 중에서 60%에 가까운 381만 가구가 은퇴 빈곤층으로 전락할 위험이 있는 것으로 나타났다.

여기서 말하는 은퇴 빈곤층이란 부부가 월 94만 원 이하의 돈으로 생활해야 하는 가정을 말한다. 은퇴 빈곤층으로 전락할 위험률이 이렇게 높은 것은 수명 연장, 금리 저하, 조기퇴직 등 여러 이유가 있지만, 가장 큰 이유는 자녀 교육비와 결혼비용의 과다 지출 때문으로 나타났다. 국제적으로 비교한 통계가 있지는 않으나, 세계 주요 국가 중에서 우리나라처럼 분에 넘치게 자녀 교육비와 결혼비용을 지출하는 나라는 없을 것이다.

예를 들어 우리나라와 일본은 대학 등록금은 부모의 책임이라고 생각한다. 반면 미국의 경우에는 대부분의 부모들이 대학 등록금은 본인들이 융자를 받아서 내고 취직 후에 갚아나갈 거라 믿는다.

결혼비용이라는 측면에서는 우리나라와 일본의 생각이 또 다르다. 일본의 젊은 세대는 부모가 결혼비용을 대줄 거라고 생각지 않는다. 약간이라도 도움을 받으려 할 때도, 이리저리 눈치를 보다가 어떻게

| 표1 | 자녀 교육비·결혼비용이 노후생활에 미치는 영향

현재	지금처럼 결혼비용을 대줄 경우
5060세대 648만 가구 중에서 271만 가구 (42%)가 은퇴 빈곤층으로 전락할 수 있다	추가로 많게는 110만 가구(17%)가 은퇴 빈곤층으로 전락할 위험이 있다

출처 : 미래에셋은퇴연구소

조금이라도 도와주실 수 없겠냐는 식으로 도움을 청한다고 한다. 반면 우리나라 대부분의 젊은이들은 결혼비용도 부모가 거의 책임져줄 거라고 믿는다.

문제는 이러한 비용이 부모의 노후와 직결된다는 것이다. 미래에셋 은퇴연구소가 55세 이상 퇴직자 500명을 대상으로 퇴직자의 생활실태를 조사한 결과에 의하면, 충분한 준비 없이 퇴직해 어렵게 생활하고 있다는 응답이 전체의 60%를 차지했다. 은퇴를 준비하지 못한 이유로는 '자녀 교육비' 때문이라는 답변이 60%로 가장 많았다. 과다한 교육비 지출로 미처 노후자금을 챙기지 못한 우리나라 가정의 현실이 조사결과에 그대로 드러난 것이다.

결혼비용 또한 만만치 않다. 보건사회연구원이 발표한 자료에 의하면, 2010~2012년에 결혼한 973쌍의 평균 결혼비용은 아들이 1억 735만 원, 딸의 경우에는 3,540만 원이 드는 것으로 나타났다. 아들만 둘이라면 무려 2억 1,470만 원이나 든다는 계산이다. 전국 평균이 이 정도라면 수도권 가정에서는 훨씬 더 많은 돈을 쓰고 있을 것이다.

이러한 현실이 바로 자녀 리스크의 생생한 사례가 아닐까 싶다. 안

| 표2 | 자녀 1인당 결혼비용

	아들	딸
총액	1억 735만 원	3,540만 원
자녀부담	3,497만 원	1,624만 원
부모부담	7,238만 원	1,916만 원

출처 : 한국보건사회연구원

타깝게도 자녀 리스크를 줄이지 않고서 즐거운 인생 2막을 맞이하기란 요원하다. 앞에서도 잠시 언급했지만 이러한 상황에서 자녀 리스크를 줄일 수 있는 가장 좋은 방법은, 어릴 때부터 아이들에게 제대로 된 교육을 시키는 것이다. 무리하게 사교육을 시켜 일류 대학에 보내려 할 게 아니라, 자녀가 성인이 된 후 확실하게 자립할 수 있도록 어릴 때부터 올바른 경제교육을 시키는 것이 훨씬 더 중요하다.

그러나 간간이 들려오는 이야기에 따르면, 적지 않은 부모들이 이와는 사뭇 다른 길로 가는 것 같다. 소위 일류 대학으로 분류되는 한 대학 관계자로부터 이런 이야기를 들은 적이 있다. 대학교의 수강신청 시즌이 되면 자녀들을 대신해 수강신청을 하는 엄마들이 있다고 한다. 더욱 놀라운 사실은 어떻게 알았는지 꼭 좋은 학점을 받기 쉬운 과목들만 신청한다는 것이다. 학점이 좋아야 나중에 취업이 잘되기 때문이라나.

엄청난 사교육을 받아 일류 대학에 가고, 엄마가 수강신청을 해준 과목에서 높은 학점을 받아서 일류 직장에 들어간다고 치자. 과연 그 학생의 삶은 무조건 행복할까?

성인이 성인으로 대접을 받으려면, 경제적 독립과 더불어 사고의 독립이 필요하다. 성공적인 사회생활을 하려면 실력도 실력이지만, 그에 못지않게 사람과 관계를 맺는 능력도 중요하다. 사람은 혼자 살 수 없는 동물이기에, 어찌 보면 인간관계나 협력과 같은 태도가 삶에 더 큰 영향을 미칠 수도 있다.

　2009년 국제교육협의회IEA가 전 세계 중학생을 대상으로 실시한 '사회적 상호작용 역량 지표'를 보면, 자녀를 제대로 키우는 것이 얼마나 중요한지를 실감하게 된다. 우리나라 청소년들의 상호작용 역량 지표는, 조사 대상 36개국 중에서 35위에 머물러 거의 꼴찌를 차지했다. 특히 '관계 지향성'과 '사회적 협력' 부문에서는 0점을 받아 최하위를 기록했을 정도니, 더불어 사는 능력이 크게 부족하다는 얘기다. 한편 '지적인 영역'에서는 핀란드와 중국에 이어 3위를 차지한 것이 눈에 띄었다. 조사결과를 보면 지적인 능력은 누구에게도 뒤지지 않지만, 다른 사람과 관계를 갖는 능력이나 배려심, 그리고 대화를 통한 문제해결 능력이 크게 부족함을 알 수 있다.

　일단은 무엇보다 자녀에 대한 인식의 대전환이 필요하다. 지금까지는 무리하게 사교육을 시켜서라도 일단 대학만 보내면, 좋은 직장에 취직해 정년까지 안정된 삶을 살 수 있었다. 게다가 '사士'자가 붙는 시험에 합격이라도 하면, 앞날은 말 그대로 탄탄대로였다. 분에 넘치는 사교육비를 들였다 해도, 속된 말로 그만큼 '본전'을 뽑을 수 있었다. 시험만 잘 보면 평생을 보장받을 수 있었던 것이다.

　그러나 지금은 언제 그런 일이 있었나 싶게 모든 것이 달라졌다. 평생직장의 시대는 붕괴된 지 오래고, 앞으로 특별한 이변이 없는 한 이런 추세는 계속될 것이다. 심지어 사법시험에 합격해도 취직을 못하는 이들이 기하급수적으로 늘어나고 있다. 얼마 전 어느 지자체에서 변호사를 7급 공무원으로 선발하겠다고 발표해 화제가 된 적이 있다. 과거에 변호사가 정부 부처나 지자체에서 5급 사무관으로 채용된 것이 관행이었음을 생각해보면, 엄청난 변화가 아닐 수 없다.

이어령 교수는 "이제 일반 직장인들도 자영업자와 같은 자세로 일하지 않으면 살아남을 수 없는 시대가 되었다"고 표현하기도 했다. 학창 시절 다소 학교 공부에 소질이 없었다 하더라도 창의력, 희생정신, 도전정신, 문제해결 능력을 갖춘 사람이 인정받는 시대로 바뀌어가고 있는 것이다. 하지만 안타깝게도 일부 부모들은, 자녀들을 '시험 잘 보는 기계'로 만드는 데만 집착하는 것 같다.

행복한 후반 인생을 위해서는, 의식을 개혁할 만큼 남다른 각오가 필요하다. 그 의식 개혁의 중심에 존재하는 것이 자녀 리스크다. 자녀 리스크의 본질을 제대로 파악하고 독립적인 자녀로 키우는 것이야말로, 행복한 인생 2막을 결정짓는 열쇠일 것이다.

좋은 부모에 대한
생각을 바꿔라

　　　　　언젠가 일본의 시사지 〈아레나ARENA〉에서 '가족이 함께 사는 것이 행복이라는 말은 새빨간 거짓말'이라는 제목의 기획기사를 읽은 적이 있다. 조금은 자극적인 제목의 이 기사가 우리에게 시사하는 바는 무엇일까? 결론부터 말하자면 이 기사는 부모와 자식간의 서글프지만 냉정한 현실을 단적으로 보여주고 있었다.

　나이가 들어서도 자녀와 좋은 관계를 유지하는 부모, 다시 말해 사랑과 화목이 넘치는 이상적인 가족을 결정짓는 것은 안타깝게도 '돈'이었다. 좀 더 구체적으로 말하자면 '연금'이다. 일본의 저명한 가족사회학자인 쥬오대학의 야마다 마사히로 교수는 이 기사에서 "오늘날 고령화 사회에서 부모들이 자식들에게 사랑을 받을지 미움을 받을지는 돈이 있는지 없는지에 달려 있다"고 말한다. 한마디로 가족관계가 '돈'이라는 변수에 의해 좌우된다는 얘기다.

기사에 의하면, 고령화에 따른 새로운 가족관계에서는 노인의 유형이 다음의 네 가지로 나뉜다고 한다. 사랑받는 노인, 연금 패러사이트parasite, 독거노인, 무연사無緣死 예비군이다.

사랑받는 노인은 부모가 돈이 있고, 자식도 경제적으로 여유가 있는 경우다. 부모가 모아둔 돈으로 언제든지 유료 노인요양시설을 이용할 수 있기 때문에 자녀의 부담이 적다.

연금 패러사이트는 '기생한다parasite'는 말에서 짐작할 수 있듯이, 부모는 돈이 있지만 자녀는 돈이 없는 경우다. 부모가 꼬박꼬박 연금을 받기 때문에, 돈이 없는 자녀들이 아무렇지도 않게 부모에게 기대어 산다. 우리나라에서도 얼마 전 문제가 된 적이 있는데, 연금을 받는 부모가 사망해도 사망신고를 하지 않는 자식들이 있다고 한다. 이들이 이렇게까지 하는 이유는 연금을 계속 받기 위해서다. 일본에서 120세, 130세의 연금 수령자가 존재하는 것은 모두 이런 배경 때문이라고 봐도 좋을 것이다. 여기까지가 자녀와의 관계가 유지되는 부모의 조건이다.

'사랑받는 노인'이나 '연금 패러사이트'에 해당되지 않는 나머지 두 가지 유형은, '독거노인'이나 '무연사 예비군'으로 분류된다. 독거노인은 자녀들이 부모를 귀찮은 존재로 여기고 부모도 뭐라 할 수 있는 입장이 아니기 때문에, 자진해서 혼자 사는 삶을 선택한 사람들이다. 마지막 유형인 '무연사 예비군'은 경제적으로 쪼들리다가 자녀와의 인연이 끊어지는 상황을 뜻한다. 이 기사의 말미에는 어느 할머니의 인터뷰가 실려 있었는데, 그 내용이 인상적이었다.

"가족관계가 돈으로 좌우되는 것은 안타까운 일이지만 현실을 받아들여야 하지 않을까요. 이제부터는 노인들도 가족에게 전적으로 의지하기보다 조금씩 자립심을 키워나가는 방향으로 변해야 한다고 생각합니다."

이 할머니의 이야기는 인간의 수명이 길어지면서 이제껏 자녀와 굳건하게 쌓아온 사랑과 신뢰의 방정식이 얼마든지 변할 수 있다는 현실을 날카롭게 지적하고 있다.

전통적인 가족관계는 부모가 자녀의 양육을 책임지고, 부모의 노후는 자녀가 책임을 지는 형태였다. 즉 사랑과 효(孝)에 기반한 부양 시스템인 셈이다. 연금제도도 모양만 다를 뿐, 효를 사회적으로 확장한 시스템이라 할 수 있다. 일하는 사람들이 낸 세금으로 노인들을 부양하는 것이기 때문이다. 그러나 평균수명이 증가할 경우 지금까지의 부양 시스템에 대한 근본적인 수정이 필요할 수밖에 없다. 이러한 상황에서는 지금까지 자신이 살아온 방식으로 자녀를 바라보기보다, 100세 시대의 눈높이에서 자녀와의 관계를 다시금 진지하게 생각해봐야 할 것이다.

노노상속, 어째서 문제인가

●

명절이면 간혹 상속 문제를 놓고 가족끼리 다투다 물의를 일으킨 사건들이 보도되곤 한다. 예전에는 부모님의 재산을 놓고 형제들끼리 싸우는 일이 많았다면, 요즘에는 재산을 물려주는 시기를 두고 부모자식 간에 첨예한 신경전이 벌어지는 듯하다. 아마 목돈이 꼭 필요한 시기에 재산을 조금이라도 더 일찍 물려주었으면 하는 것이 자식들의 솔직한 심정일 것이다.

'노노老老 상속' 역시 이러한 상황에서 불거진 문제다. 얼마 전 일본인 친구의 이야기를 듣자 하니, 우리보다 훨씬 일찍 고령화 사회에 접어든 일본에서는 노노老老 상속이 커다란 사회문제로 불거진 모양이다. 노노상속이란 말 그대로 노인이 세상을 떠나면서 갖고 있던 재산을 젊은이가 아닌 노인에게 상속하는 것을 말한다.

친구의 큰어머니는 92세에 세상을 떠나면서 65세의 사촌형에게 재산을 물려주었다고 한다. 92세라면 일본인의 평균수명을 생각할 때 특별히 오래 살았다고도 볼 수 없는 나이다. 배우자 또한 비슷한 나이일 것이고, 자녀들도 젊어야 50대 후반이나 환갑을 넘긴 나이일 것이다. 즉 노인이 갖고 있던 재산이 곧 노인이 될 자식에게 돌아가는 현상인데, 어째서 이게 사회문제가 된다는 것일까?

이럴 경우 돈이 노인들 수중에서만 돌고 경제활동을 활발하게 하는 젊은 세대에게 흘러 들어가지 않기 때문이다. 일본에서 미래지향적인 벤처 비즈니스가 활성화되지 못하는 이유 중 하나도 바로 이것이다. 일본의 오랜 경제불황 역시 마찬가지다. 돈을 쓰지 않는 부자 노인과 돈이 없어 소비하지 못하는 가난한 젊은 세대로 나뉘어진, 이중적인 사회구조가 장기 불황을 불러왔다는 분석이다.

오늘날 일본 전체 가계금융자산의 70% 정도를 보유하고 있는 것은, 60세 이상의 노인 세대들이다. 그런데 이들은 100세까지 살아야 하는 시대에 돈이 없으면 노후에 고생할 거라는 불안감 때문에, 현금이 많아도 쓰지 않고 움켜쥐고만 있다. 본인도 쓰지 않을 뿐 아니라 자녀들에게 물려주지도 않거니와, 생산성 있는 곳에 투자도 하지 않는다. 돈을 가진 세대가 소비도 하지 않고 투자에도 관심이 없으니, 경제가 활성화될 리 없다. 일본 정부는 이런 악순환의 고리를 끊기 위해 다양한 노력을 하고 있다. 특히 노인들 수중에서 잠자고 있는 돈이 젊은 세대에게 흘러들어갈 수 있도록 생전에 증여를 하거나, 자녀에게 집을 사줄 경우 세제상의 혜택도 주고 있다. 그러나 이런 정책적 노력에도 불구하고 별다른 결실을 맺지 못하고 있다.

현재 우리나라 전체 가계금융자산에서 60세 이상의 고령 세대가 보유하고 있는 비율은 아직 30% 정도밖에 안 될 것으로 추정된다. 그러나 710만 베이비부머가 고령 세대로 편입되는 시점이 되면, 이 비율은 50~60%로 급격하게 높아질 가능성이 있다. 그때까지 이렇다 할 대책이 나오지 않거나, 고령 세대의 인식이 바뀌지 않는다면 한국판

노노상속도 더 이상 남의 이야기는 아니다.

자녀들에게 많든 적든 재산을 상속할 수 있을 정도의 경제력을 가진 부모라면, 그 재산을 언제 물려주는 것이 가장 바람직한지에 대해서도 냉정하게 생각해볼 필요가 있다.

예를 들어, 100세에 세상을 떠나면서 70세가 다 된 자녀에게 상속을 한다면, 그 재산이 생산적인 곳에 쓰이기는 쉽지 않을 것이다. 자녀가 조금이라도 젊을 때, 자신의 몸값을 높이는 데 투자하거나 평소 하고 싶었던 사업에 투자할 수 있도록 도와주는 것이 자녀의 장래를 위해서나 사회를 위해서나 훨씬 더 바람직할 것이다.

자녀들의 인적자본이나 사업 투자에 도움을 주고 싶어도, 노부부가 몇 살까지 살지 또는 노후 생활비가 얼마나 들지 예측할 수 없어서 지원을 망설이는 경우도 있을 것이다. 그런 경우에는 우선, 현역 시절에 가입해둔 3층 연금(국민연금·퇴직연금·개인연금)으로 세상을 떠날 때까지 기본 생활비 정도를 보장받을 수 있는지 계산해보자. 3층 연금으로 부족한 경우에는 즉시연금이나 주택연금으로 부족분을 보충할 수 있는지도 계산해봐야 한다. 그러한 결과 이들 연금으로 기본 생활비를 보장받을 수 있다는 판단이 서면, 나머지 재산 중 일부는 안심하고 자녀들이 생산적인 투자를 하는 데 지원할 수 있을 것이다.

어떤 경우가 됐든 경제력을 보유한 고령 세대는 재산 상속에 대한 발상의 전환을 꾀해야 한다. 장래에 대한 막연한 불안감 때문에 자신의 재산을 움켜쥐고만 있으면, 국가경제를 불황에 빠뜨릴 뿐 아니라 불황의 여파는 다시 자신과 자녀들의 불행으로 이어질 수 있다는 점을 기억해야 한다.

자녀 리스크, 해답은 있을까?

세상에서 가장 사랑스러운 '자녀'와 '리스크'는 아무리 봐도 어울리지 않지만, 나이가 들어서까지 자녀 뒷바라지에 어려움을 겪는 부모들을 보면 자녀가 후반 인생을 좌우하는 쟁점임은 확실하다.

그렇다면 자녀 리스크를 줄이는 방법은 무엇일까? 먼저 자녀에게 제대로 된 경제교육을 시키는 것이 출발점이다. 돈을 많이 들여 사교육을 시켜서 좋은 대학에만 보내는 것이 전부가 아니다. 자녀들이 경제적으로 독립할 수 있도록 제대로 된 경제교육을 시키는 것이 얼마나 중요한지는 몇 번을 강조해도 지나치지 않다. 가능하다면 스스로 돈을 벌어볼 기회를 주는 것도 필요하다. 내가 아는 집은 대학생이 된 아이들에게 방학 때 아르바이트를 시켰더니, 아이가 돈 버는 게 얼마나 힘든지 실감했다며 그 후부터 알아서 돈을 아껴 쓴다고 했다.

또 한 가지 냉정하게 생각해봐야 할 것은 자녀 교육비와 노후자금의 상관관계다. 현재 4050 세대가 노후준비를 거의 하지 못하고 있는 가장 큰 이유는, 과다한 사교육비 때문이라 해도 과언이 아니다. 예전에는 자식을 잘 키워놓으면 부모에 대한 효심에서 많든 적든 부모를 모시는 데 최선을 다했다. 그러나 장수 시대가 열리면서 더 이상 자식에게 기대기는 어려워졌다. 노후는 둘째치고라도 그렇게 많은 돈을 학원과 학습지, 과외 등 사교육비로 쓰는 것이 과연 아이들의 장래에 도움이 되는 것인지도 생각해봐야 한다.

자녀교육, 자기만의 철학을 가져라

노후준비에 대한 강의를 하면서 사람들을 만나다 보면, 제대로 된 후반 인생을 살려면 단순히 돈을 뛰어넘어 일종의 '의식 개혁'이 필요하다는 생각을 하게 된다. 엄청난 고소득자가 아닌 다음에야 요즘처럼 아이들 교육에 많은 돈을 쏟아붓는다면, 노후자금 마련이 좀처럼 쉽지 않기 때문이다. 한마디로 지금의 시대는 자녀교육과 노후준비가 플러스 게임이 아닌 제로섬 게임이 된 것 같다. 제로섬 게임에서는 어느 한쪽을 늘리면 다른 한쪽은 당연히 줄어들게 되어 있다. 이런 현실을 타개하려면 돈을 더 많이 벌면 되겠지만, 그게 어디 뜻대로 되는 일이

던가.

　나 역시 자식을 키워본 입장이기에 자식 문제만큼은 맘대로 되지 않는다는 것을 잘 알고 있다. 한 번은 결혼해서 아이를 키우고 있는 딸아이와 손자의 교육문제로 다툰 적도 있다.

　딸아이가 평범한 직장인 월급으로는 감당하기 어려운 영어 유치원에 아이를 보내겠다는 것이 발단이었다. 아마도 친하게 지내는 이웃 엄마들이 영어 유치원에 아이들을 보내는 것을 보면서 왠지 자신의 아이만 뒤처진다고 느낀 모양이다. 영어 유치원이 무조건 나쁘다는 것은 아니다. 자기만의 소신을 갖고 보내는 거라면 상관없다. 하지만 영어 유치원을 보낸다고 해서 애가 훌륭하게 클 거라는 보장도 없을뿐더러, 무엇보다 평범한 회사원이 매달 감당하기에는 엄청난 비용이 아닌가. 나는 부모가 왜 그리 자녀교육에 소신이 없느냐며, 그럴수록 배짱 좋게(?) 아이를 키워야 한다고 간곡히 딸을 설득했다. 결국 딸아이는 내 설득에 못 이겨 아이를 영어 유치원에 보내지 않았다.

　그런데 몇 년 후 이번에는 아이를 사립초등학교에 보내고 싶다고 나섰다. 조금이라도 더 좋은 교육환경에서 아이를 키우고 싶은 마음이야 십분 이해하지만, 다시 한 번 강력하게 반대하고 나섰다. 처음에는 원서를 넣어도 떨어질 거라고 해서 그냥 두었는데, 딸아이의 말과는 달리 덜컥 붙어버렸다. 그러자 딸아이는 기왕에 붙었으니 아이를 사립초등학교에 보내겠노라고 선언을 했다. 사위의 얼굴을 보니 뭐라고 말도 못하고 딸아이의 눈치만 보고 있었다. 그래서 내가 다시 한 번

총대를 멨다. 이번에는 도무지 말로는 설득이 되지 않아 무려 A4 용지 2장이 넘는 장문의 편지를 썼다.

뭐라고 썼는지 전부 기억나진 않지만, 내용을 요약해보면 대략 이런 이야기였던 것 같다.

'요즘처럼 직장인의 정년이 보장되지 않는 시대에는 남편의 어깨를 가볍게 해줘야 한다. 한번 커진 씀씀이는 좀처럼 줄이기 힘든 법이다. 게다가 교육비는 고정비 성격을 띠고 있어서 시간이 흐를수록 오히려 늘어나기 쉽다. 아이를 잘 가르치고 싶다는 명분과 마음이 있긴 하지만, 부모 간에 보이지 않는 경쟁심리도 작용하는 게 사실이다. 뚜렷한 교육철학도 없이, 이렇다 할 소신도 없이 무작정 사립학교에 보내서 돈을 많이 드는 지출 구조를 만들어놓으면 정작 어려울 때를 대비할 수 없을 것이다.'

당시 딸아이는 울면서 서운해했지만, 지금은 정말 현명한 결정이었다며 오히려 내게 고마워하고 있다.

씀씀이 이야기가 나온 김에 말하자면, 한번 높아진 생활수준을 낮추기란 하늘의 별따기 만큼이나 어렵다. 대우증권에서 국제 본부장으로 일할 때였다. 당시 능력 있는 직원들은 외국계 증권사로 스카우트되는 게 관행이었다. 외국계 회사로 옮기면 연봉도 2~3배가량 파격적으로 오르는 게 대부분이었다. 얼핏 보면 매우 성공한 월급쟁이가 되었다고 볼 수 있겠지만, 실상은 그렇지 않았다. 외국계 증권사는 재직기간이 짧아서, 어느 정도 시간이 흐르면 다른 일자리를 찾아야 하는 경우가 적지 않다. 그런데 다시 국내 증권사로 들어오면 연봉이 대폭 줄어들기 때문에, 돈 때문에 이직을 못하는 이들이 생겨났다. 그렇다고 터무니없이 적은 돈을 받는 것도 아닌데 왜 이런 일이 일어났을까?

내가 직접 목격한 바에 의하면, 연봉이 2~3배 늘어나면 누구나 비슷한 수순을 밟는다. 약속이나 한 듯이 호텔의 헬스클럽 회원권을 사고 자녀 교육비를 늘리고 골프를 치는 등 지출을 늘린다. 하지만 신기하게도 노후 등 미래에 대비한 저축을 늘리는 이는 거의 없다. 평소에는 돈이 생기면 저축을 해야지 하다가도, 돈을 보면 쓰고 싶어지는 모양이다. 이렇게 지내다 국내 증권사로 자리를 옮기면, 생활수준을 낮춰서 살아갈 수밖에 없다. 그런데 알다시피, 한번 늘린 지출이나 소비는 줄이기가 쉽지 않은 게 사람 마음 아닌가.

게다가 평생 고용의 시대에서 상시 고용의 시대로 바뀐 오늘날에는, 직장생활을 하다 잠시 쉬고 다시 취업하는 일이 부지기수다. 이렇게 한 치 앞을 예측할 수 없는 시대에 교육비 등 고정 지출을 늘려놓으면, 노후는커녕 당장의 경제적 자유를 얻기도 힘들어진다.

직장인들은 험한 세상에서 살아간다. 본인의 능력이나 의지와는 상관없이 하루아침에 구조조정을 당하기도 한다. 이런 시대에 자녀에게 지나치게 많은 투자를 하다가는, 정작 위기가 왔을 때 전혀 대처할 수 없다. 오히려 가족도 지키지 못했다는 자괴감만 커질 뿐이다. 자녀교육에 모든 자원을 투자하는 열혈 부모보다 자신만의 철학을 가진 소신 있는 부모가 되어야 하지 않을까.

　나는 자녀교육 문제로 고민하는 사람들에게 항상 다음과 같은 두 분의 이야기를 들려준다. 첫 번째 사례는 내가 존경하는 어느 교회의 목사님이다. 그 목사님의 둘째 아이가 고등학교 1학년 때 한 달 동안 영국 학교의 캠프에 참가한 적이 있는데, 선생님이 아이의 총명함을 눈여겨보고는 1년 동안 전액 장학금으로 공부를 시켜주겠다고 한 모양이다. 그는 아이를 영국에 보내는 대신 한 가지 약속을 했다고 한다.

　"1년 뒤에 꼭 돌아와라. 만약 영국에 그대로 눌러앉겠다면 지금 안 가는 게 낫다. 엄마아빠의 철학은, 자식이 성년이 될 때까지는 부모 밑에서 자라야 한다는 거야. 그보다 더 중요한 교육은 없단다. 약속할 수 있지?"

　그런데 어느 날 국제 전화 한 통이 걸려왔다고 한다. 이대로 공부를 시키면 세계적인 명문 옥스퍼드 대학에 진학할 수 있으니, 영국에서 학교를 다니게 하면 어떻겠냐는 제안이었다. 하지만 이 목사님은 아이를 보내는 대신 정중한 거절의 의사를 전했다.

　영국의 옥스퍼드라면 누구나 한 번쯤 보내고 싶은 대학일 것이다. 그런데도 이 목사님은 자신의 교육철학에 따라 아이를 다시 귀국시켰다. 아이는 한국에 돌아와 한 지방대를 다니다가, 다시 연변과학기술대에 들어갔다. 그것도 모자라 재학 중에 1년 간은 신장성의 우루무치 대학에 교환학생으로 다녀왔다. 그동안에 중국에 있는 조선족, 러시아에서 유학온 고려인 친구, 북한 유학생, 신장성 위그르족 등 여러 소수 민족과 다양한 친구들을 만나 소중한 경험을 쌓았다. 과연 이 목사님의 이러한 결정이 아들의 미래를 망친 것일까?

또 다른 사람은 아침편지문화재단의 고도원 이사장이다. 나는 '부모가 자녀에게 무엇을 물려주어야 할까?'라는 주제로 이야기할 때마다 고도원 이사장의 이야기를 하곤 한다. 언젠가 읽은 그의 인터뷰에서 대단히 감명을 받았기 때문이다.

'이따금 속으로 묻는다. 나에게 책이 없었으면 지금 무엇을 하고 있을까. 오늘의 내가 과연 있을 수 있을까. 책은 곧 내 삶 자체다. 내 인생 전체다'라는 대목은 지금도 기억에 생생하다.

그런데 고 이사장은 어릴 적에는 마치 책이 '고문'의 대상 같았다고 한다. 시골 교회 목사였던 아버지가 강제로 책을 읽게 하고 밑줄을 긋게 했다는 것이다. 이를 지키지 않으면 회초리를 들 만큼 엄한 아버지였기에, 고 이사장은 아버지에 대해 반항심을 갖는 건 물론 원망도 수없이 했다고 한다. 심지어 책을 볼 때마다 '원수'처럼 여길 정도였다. 그런데 세월이 지나고 보니 고문과 같았던 책읽기와 밑줄 긋기가 어느덧 그의 평생 습관이 되어 있었다. 아버지의 강제 독서가 그를 글쟁이로, 언론인으로, 대통령 연설자로 만들었고, 그를 일약 스타로 만든 《고도원의 아침편지》를 쓰게 한 원동력이 된 것이다.

직업이 직업이다 보니 과다한 자녀 교육비 때문에 정작 자신의 노후는 준비도 못했는데, 도움을 받기는커녕 자식들을 챙기느라 노후에 고생하는 이들을 종종 목격하게 된다.

비슷한 나이의 친구나 동료들에게 이런 이야기를 하면, 대부분 오죽 못났으면 부모에게 손을 벌리느냐며 그 자식들을 탓하곤 한다. 하지만 내 생각은 좀 다르다. 어려서부터 경제적으로 해줄 수 있는 여건 이상으로 무리해서 무엇이든 해주는 부모에게도 일정 부분 책임이 있다고 생각한다.

모든 노후 대비가 그러하겠지만, 자녀 리스크에서는 더더욱 의식 개혁에 가까운 각오가 필요하다. 건전한 경제교육을 통해 자녀의 자립심과 경쟁력을 키우는 한편, 교육비를 과감하게 구조조정해 노후자금을 마련해야 한다.

나는 30~40대 기혼 직장인들을 상대로 자녀 리스크와 관련된 강의를 할 때면, 반드시 다음과 같은 당부를 빼놓지 않는다. 가급적 부부가 함께 강의를 들으러 오라는 것이다. 이제는 부모도 '부모교육'을 받아야 한다. 그래야만 자녀들을 소신 있게 키울 수 있기 때문이다. 부부가 자녀교육에 대해 공통된 인식과 소신을 갖는 것은 대단히 중요하다. 앞에 등장한 목사님의 사례와 고도원 이사장의 경험은 그러한 측면에서 우리에게 많은 것을 시사하고 있다.

자녀의 인생을 디자인하지 마라

하지만 아무리 강조해도, 자녀문제만은 어쩔 수 없는 모양이다. 강의를 들을 때는 과도한 사교육비가 노후준비의 걸림돌이라는 사실에 많은 분들이 고개를 끄덕거리다가도, 막상 강의가 끝나면 그래도 어쩔 수 없지 않냐는 결론으로 돌아간다. 취지야 알겠지만, 그래도 우리 아이만 뒤처질지 모른다는 불안감을 떨칠 수는 없는 모양이다.

이처럼 지극정성으로 아이를 키우는 부모들이 많은 반면, 요즘 아이들은 왜 그렇게 나약한지 모르겠다며 푸념을 늘어놓는 부모들도 적지 않다. 회사에서도 새내기 직장인들을 두고 요즘 젊은이들은 과거보다 패기가 없다느니, 고생을 안 해봐서 조금만 힘들어도 못 참는다느니 하는 식의 평가를 자주 한다.

그런데 우리의 자녀 혹은 후배들이 이런 평가를 받는 것이 그들만의 잘못일까? 평가를 내리는 부모나 선배들은 본인들이 출중해서 지금처럼 자녀와 후배들을 평가하는 것일까? 아니다. 그들이 유독 뛰어나서가 아니라, 그런 시대에 태어났기 때문이다. 문제는 자신들은 고생을 해서 성공했고 또 자녀가 고생하지 않아서 세상 물정을 모른다고 투덜거리면서도, 자기 자식만은 고생을 안 시키겠다는 이중적인 잣대다.

그런데 아이러니하게도 고생을 시키지 않겠다는 부모의 결심이 오히려 자녀들에게 독이 된다. 한국전쟁 이후 아무것도 없던 허허벌판에서 단기간에 압축 성장을 한 우리나라와 달리, 부富의 역사가 오래된 나라들은 이런 점을 잘 알고 있기에, 부자일수록 자녀를 엄격하게 키우는 경우가 많다. 물론 전부 그런 것은 아니다. 환경에 따라 자녀교육의 트렌드도 바뀌는 법. 중국의 경우 인구정책상 아이를 적게 낳다 보니 한 명만 낳아서 그 아이에게 모든 걸 해주자는 식으로 자녀교육에 대한 생각이 바뀌고 있다. 우리나라 일은 아니지만 참으로 걱정스러운 사고가 아닐 수 없다.

나는 자녀교육에 관한 이야기를 할 때면, 젊은 시절 강의를 들었던 대만의 석학 임어당 선생의 이야기가 떠오른다. 임어당 선생이 쓴 《생활의 발견》이라는 책은, 내가 학생이었을 당시 젊은이들 사이에서 필독서로 널리 읽혔던 책 중 하나다. 나 역시 책으로는 부족해 세계적 석학의 육성을 듣기 위해 시간을 내서 직접 강연장을 찾았던 기억이 아직도 생생하다.

"중국에 어느 유명한 재상이 있었습니다. 근검절약이 몸에 밴 청빈한 삶을 산 명재상이었습니다. 그런데 그 아들은 아버지와 달리 사치스럽기 그지없었습니다. 주변 사람들은 아무리 뛰어난 명재상도 아들은 제대로 가르치지 못한다며 수군거렸습니다. 그 얘기를 들은 명재상은 이렇게 말했습니다. '나는 농민의 아들이고, 내 아들은 재상의 아들이다. 농민의 아들인 나는 근검절약이 몸에 밴 게 당연하다. 그러나 내 아들은 재상의 아들이라 물질적으로 풍요하니 사치스러운 게 당연한 것 아닌가. 나는 농민의 아들로 태어난 것을 감사하게 생각한다'고 말입니다."

임어당 선생의 얘기를 떠올릴 때마다 기성세대의 역할이 무엇인지 다시금 생각하게 된다. 기성세대는 젊은 세대를 두고 편한 일만 하고 자기중심적이며, 어려움에 맞서지 않는다고 지적한다. 그러나 과연 이런 지적이 타당한 것일까? 임어당 선생의 얘기처럼 지금의 젊은 세대는 기성세대보다 운 좋게 경제적으로 풍요로운 환경에서 태어났고 자라났다. 기성세대와는 전혀 다른 환경에서 성장한 것이다. 따라서 무조건 자기 세대의 잣대만으로 젊은 세대를 평가해서는 안 된다. 시험만 잘 보면 모든 것이 용서되는 교육방식으로는 명재상의 아들밖에 키워낼 수 없지 않은가.

어렵긴 하겠지만 부모들이 먼저 생각을 바꾸어야 한다. 우리는 힘든 시기를 이겨내고 잘 살아왔는데, 애들은 그렇지 못하다고 탓해선 안 된다. 자신을 열심히 살게 해준 어려운 환경에 대해 먼저 고마워하자. 임어당 선생의 말대로라면, 우리가 자녀들에게 자립심을 키워볼 기회조차 주지 않았을 수도 있다. 아이들이 스스로 나아갈 방향을 정하기 전에, 먼저 자녀의 인생을 디자인하진 않았는가? 아이들에게 한 번이라도 도전정신을 심어주기 위해 노력한 적 있는가? 스스로에게 물어봐야 한다.

이제는 돈으로 자식을 키우는 것이 전부가 아니라는 사실을 우리 사회도 서서히 알아가고 있는 듯하다. 어렵지만 이런 생각을 계속 이어가야 한다. 결코 쉽지는 않을 것이다. 나 또한 개인적으로도 아들이 취업 때문에 고민할 때, 도와줄까 말까 밤새 고민한 적이 있다. 조금만 도와주면 금세 해결될 수 있기에, 나 역시 고민 하나를 덜고 싶었다. 문제가 생기면 빨리 해결하고 싶은 게 사람 마음인데, 더구나 그게 자기 자식의 문제라면 오죽할 것인가. 자식문제에 관한 한 부모가 인내심을 갖기란 무척이나 어렵다.

우스갯소리로 아이가 좋은 학교에 들어가려면, 할아버지의 경제력, 엄마의 정보력, 아빠의 무관심, 이렇게 삼박자가 맞아야 한다는 이야기가 있다. 자녀교육을 위해서는 부부가 공통된 소신을 가져야 하는데, 교육은 대부분 엄마가 맡고 아빠는 돈만 벌어오면 된다는 분업적 구조를 비꼬는 말일 것이다.

사실 나를 비롯한 우리나라의 베이비부머세대는 자식교육을 어떻게 시켜야 하는지, 어떤 철학을 가져야 하는지 등에 대해 제대로 배워본 적이 없다. 하지만 앞으로는 자녀교육에 대해 부모가 공통된 철학과 소신을 갖기 위해 많은 공부를 해야 할 것이다. 이제는 성적순으로 줄을 세워서 1등을 가리는 시대가 아니라, '너도 1등 나도 1등'으로 사는 방법을 찾아 각자의 개성과 창의성을 키워주어야 하는 시대다.

아이를 적게 낳는 것도 자녀 리스크와 무관하지 않다. 얼핏 생각하면 자녀의 수가 적을수록 경제적으로 부담이 덜하다고 할 수 있겠지만, 꼭 그렇지만은 않다. 과거에는 자식들이 많아서 서로 추렴하면 부모의 병원비 정도는 해결할 수 있었지만, 자식이 하나밖에 없으면 직접적인 부담이 크기 때문에 쉽사리 기댈 수도 없다. 그럼에도 하나밖에 없는 자식이라는 이유로 능력을 뛰어넘어 무엇이든 다 해주는 부모들이 대부분이다.

어떤 이유에서든 자녀교육에 대해서는 의식 개혁에 가까운 각오가 필요하다. 사회가 급변하는 시기에는 본인의 의지와는 상관없이 희생자가 될 수 있기에 변화에 적절히 대응하는 것이 중요하다. 자녀교육도 마찬가지다. 지금이야말로 과거의 패러다임이 아닌 새로운 시대의 패러다임을 가져야 할 때다.

진정한 경제적 자립이란?

주로 하는 일이 투자자 교육이나 은퇴 교육이다 보니, 강의를 듣는 분들로부터 흔히 듣는 질문이 '어떻게 하면 돈을 벌 수 있는가?'와 관련된 것이다. 재테크가 됐든 재취업이 됐든, 많은 이들이 '돈 버는 법'에 초지일관 안테나를 세운다. 그럴 때마다 나는 진정한 경제적 자립이란 돈 버는 능력을 키우는 것이 아니라, 주어진 경제 상황에 맞추어 사는 능력을 키우는 거라고 강조한다.

자녀 리스크뿐 아니라 자기 자신을 위해서도, 경제적 자립의 의미에 대해 한번쯤 진지한 고민을 해봐야 한다. 나는 돈 버는 법에 관한 질문을 받을 때마다 감명 깊게 들은 어느 목사님의 설교를 예로 드는데, 내용을 정리하자면 다음과 같다.

"경제적 자립은 아무리 강조해도 지나치지 않습니다. 경제적으로 자립하지 못하면 평생 누군가에게 얹혀서 살아갈 수밖에 없으니까요. 그러나 이때 오해하지 말아야 할 것이 하나 있습니다. 여기서 말하는 경제적 자립이란, 흔히 말하듯 경제적 욕구를 스스로 충족시킬 수 있는 능력의 배양이나 확립을 뜻하는 게 아닙니다. 진정한 경제적 자립이란 주어진 경제적 상황에 자기 자신을 맞추어 넣는 능력을 기르는 것입니다. 돈에 대한 욕구를 스스로 채울 수 있다며 돈 버는 능력을 절대시하는 사람은, 반드시 돈의 노예로 전락하기 마련입니다. 욕구의 충족은 항상 더 큰 욕구를 불러일으키기 때문입니다."

이 목사님은 경제적 자립을 설명하면서 우리나라 기독교인들이 가장 좋아하는 성경 구절 중 하나를 소재로 삼았다. 빌립보서 4장 13절에 나오는 '내게 능력 주시는 자 안에서 내가 모든 것을 할 수 있느니라'가 바로 그것이다. 회사의 사장들이 이 구절을 액자에 넣어 사무실에 걸어두기도 하고, 입시생들의 공부방에 붙어 있는 것도 자주 볼 수 있다고 한다. 그 목사님은 사람들이 이 구절을 좋아하는 이유는, 우리나라 사람들의 구미에 딱 맞기 때문이라고 지적한다. 자신이 믿는 신이나 종교 안에서 무엇이든 다 할 수 있다는 것만큼 매력적인 말이 어디 있겠는가. 목사님의 설교는 다음과 같이 계속 이어진다.

"이 구절을 좋아하는 사람들 중에는, 신약성서의 1/3 정도를 기록한 사도바울이 무슨 사연 끝에 이런 말을 하게 되었는지 알고 있는 사람은 거의 없는 것 같습니다. 바울은 먼저 이렇게 고백했습니다. '내가 궁핍하므로 말하는 것이 아니라 어떠한 형편에서든 내가 자족하기를 배웠노니, 나는 비천에 처할 줄도 알고 풍부에 처할 줄도 알아 모든 일에 배부르며, 즉 배부름과 배고픔과 풍부함과 궁핍에도 일체의 비결을 배웠노라.'라고 말씀니다."

 이것이 바로 빌립보서 4장 13절의 바로 앞에 나오는 내용이다. 바울은 경제적으로 풍부할 때도 있었고 말할 수 없이 궁핍할 때도 있었지만, 그 어떤 상황에서도 교만함이나 비굴함에 빠지지 않고 주어진 경제적 상황에 자신을 적응하는 능력을 길렀던 것이다.

 경제적 자립에 관해 성경 말씀을 인용했지만, 이는 옛날부터 전해 내려오는 상식의 지혜이기도 하다. '분수에 맞게 살아라', '중용을 지켜라' 등등 선인들의 말씀은 모두 주어진 경제적 상황에 적응하면서 살아가는 것이 중요하다는 지혜를 담고 있다.

 미국 최고의 부자 중 한 명이었던 강철왕 앤드루 카네기의 자서전을 보면 이런 말이 나온다. "백만장자임을 나타내는 표시가 무엇인지 아는가? 바로 수입이 항상 지출을 초과하는 것이다. 백만장자들은 일찍부터 저축을 시작한다. 돈을 벌기 시작할 무렵부터 말이다."

 우리는 현대를 신용사회라 부른다. 하지만 이 '신용'이라는 단어에는 '믿음'이라는 뜻 외에 어두운 면이 존재한다. 자신의 신용을 담보로 한 무분별한 신용카드 사용, 수입의 범위를 넘어서는 소비, 무리한 주택 마련 등 자신의 경제적 상황을 넘어선 행동들이 사회적 문제가 되는 것이다. 거듭 말하지만 저축도 투자도 소비도 주어진 경제적 상황에 맞게 하는 것이야말로, 진정한 경제적 자립이라고 믿는다. 무리해서 한 달 월급에 해당하는 과외비를 내고, 힘이 부치는데도 엄청난 대출을 받아 집을 사고, 신용카드로 빚을 지며 소비하는 삶에서 과연 우리 아이들이 무엇을 배울 수 있을까.

금융교육, 수학교육만큼 중요하다

자녀 리스크를 줄이는 데 중요한 방법 중 하나는, 앞서 언급했듯이 자녀들에게 어린 시절부터 제대로 된 금융교육을 시키는 것이다. 어려서부터 돈을 관리하는 법을 제대로 배운 아이와 그렇지 않은 아이는 어른이 되어서 큰 차이를 보이기 마련이다. 그 대표적인 사례가 바로 2003년에 온 나라를 떠들썩하게 만들었던 '신용불량자 문제'다. 당시 신용불량자 300만 명의 평균연령은 32세, 젊은 세대 중 상당수가 신용불량자가 된 셈이다. 놀랍게도 신용카드 연체자의 절반은 20~30대였다. 자신의 충동을 제어하지 못하고 소득을 넘어선 무분별한 과소비가 초래한 침통한 결과였다. 금융교육을 제대로 받지 못한 탓에 젊은 나이에 평생 후회할 일을 저지른 것이다. 평소 돈을 관리하는 습관을 들이지도 못한 상황에서 카드를 발급받자, 욕망을 제어하지 못하고 그저 보이는 대로 쓰기에 바빴던 것이다.

FRB(미연방준비위원회) 의장을 다섯 번이나 역임한 앨런 그리스펀 역시 "청소년들이 돈에 대한 잘못된 행동으로 평생 후회하는 일이 없도록 하려면 어릴 때부터 금융교육을 받게 해야 한다, 금융교육은 수학교육 못지않게 중요하다"고 강조한 바 있다.

그린스펀은 어려서부터 아버지에게서 금융교육을 철저히 받았던 인물이다. 그의 아버지는 다섯 살 때부터 금융기관을 견학시켜주며 급여 관리와 투자 등에 대한 교육을 시켰다고 한다. 어린 시절의 이러한 경험이 그가 세계적인 금융 전문가가 되는 데 큰 힘이 됐을 것임은, 굳이 설명할 필요도 없다.

그런데 국내의 금융교육 현실을 보면 아직도 걸음마 단계에 지나지 않는다. 많은 부모들이 자녀들에게 '아껴 쓰고 저축하라'는 말만 할 뿐, 이를 실천하고 있는지에 대해서는 제대로 점검조차 하지 않는다. 주위를 보면 아이들에게 장기적으로 용돈을 주며 스스로 책임지고 관리해볼 기회조차 주지 않는 부모들이 아직도 많다. 용돈 기입장을 쓸 시간에 영어단어 하나 더 외우는 게 중요하다고 여기는 부모들이 태반일 것이다. 심지어 아이들이 받은 세뱃돈으로 모자란 학원비를 보충하기 바쁜 엄마들도 있다.

부모 자신이 제대로 된 금융교육을 받지 못한 것 또한 문제다. 실제 물어봐도 '저축과 투자의 차이'에 대해 제대로 설명할 수 있는 부모들이 많지 않다. 이자 개념인 '단리와 복리'의 차이에 대해 구체적으로 설명해줄 수 있는 이들도 생각 외로 드물다. 형편이 이렇다 보니 자녀에게 금융교육을 시켜야 한다고 생각은 하면서도, 막상 하려고 하면 막막할 뿐이다. 주식이니 부동산이니 하는 어른들의 재테크 방법을 가르치기도 그렇고, 수요니 공급이니 하는 경제학 교과서를 갖다놓고 가르치기도 마땅치 않다.

따라서 부모가 먼저 제대로 된 금융교육을 받아야 할 필요가 있다. 각종 금융기관이나 관련 협회에서 개최하는 금융교육에 참가하는 것도 하나의 방법일 것이다. 몇 년 전부터 유행하고 있는 어린이 펀드에 가입해 자녀 학자금을 마련하는 것을 목표로, 부모와 자녀가 같이 금융교육을 받는 것도 좋은 방법이다.

어린이 펀드란 어린이와 청소년을 대상으로 설계한 펀드를 말한다. 주로 우량주식 또는 채권 등에 운용하는 펀드로, 어린이들에게 투자 마인드를 길러주면서 대학 학자금을 마련하는 데 목적을 둔다. 대부분 적립식 투자를 원칙으로 하고 있으며, 경제교육 등 다양한 서비스를 제공하고 있다.

'어린이 펀드'가 가장 많이 보급된 나라는 미국이다. 미국의 증권회사나 은행에 가면 어린이나 중고등학생을 대상으로 판매하는 투자신탁펀드를 쉽게 발견할 수 있다. 보통 '칠드런 펀드 Children Fund'또는 '영 인베스터 펀드 Young Investor Fund'라고 부르는데, 가입자격에 연령 제한이 있는 것은 아니지만 14세 미만의 어린이와 청소년들이 주된 가입자라고 한다.

이들 펀드는 운용성적도 성적이지만, 학생 투자가들에게 한 달에 한 번씩 발송하는 팸플릿의 내용이 매우 흥미롭다. 가입한 펀드가 투자하고 있는 기업, 예를 들어 코카콜라나 맥도날드, 디즈니랜드와 같은 유명 회사에 대한 소개, 사장 인터뷰, 퍼즐, 에세이 경시대회 등 유익하고 재미있는 내용이 실려 있다.

학생들은 이 자료를 통해 증권시장과 펀드상품에 대해 자연스럽게 공부할 수 있으며, 때로는 펀드가 투자하고 있는 기업을 직접 방문하는 행사에도 참여할 수 있다. 펀드가 어떻게 운용되고 있는지를 설명하는 운용 보고서 역시 학생 독자들을 의식해서 '어느 기업이 어떻게 돈을 벌고 있는가?', '지난 몇 달 동안 펀드의 가격이 오른 이유는 무엇인가?' 등에 대해 알기 쉽게 설명하고 있다.

아이들은 어린이 펀드투자를 통해 초등학교, 중학교, 고등학교로 올라가면서 돈이란 무엇인가, 투자란 무엇인가, 기업이란 무엇인가, 펀드란 무엇인가 등에 대해 자연스럽게 공부하게 된다.

펀드 구입자금은 부모나 조부모들이 내는 경우가 대부분이다. 자녀 또는 손자손녀의 출생을 기념해 증여세가 부과되지 않는 범위 내에서 가입시켜 주는 것이다. 따라서 거액의 자금보다는 수만 원, 수십만 원씩 적립식으로 투자하는 경우가 대부분이다. 펀드에 장기 투자하여 대학 등록금을 마련하는 한편, 자녀들에게 올바른 금융교육을 시키겠다는 생각으로 구입자금을 지원하는 것이다.

펀드 운용사나 판매하는 금융회사들도 이런 펀드를 통해 회사수익을 올리기보다, 미래의 고객을 발굴하고 교육시키는 데 주안점을 두고 있다. 펀드투자를 통해 투자교육을 받은 학생들이 사회에 나오게 되면, 자연스럽게 장기적인 금융계획을 세워 노후 대비를 위한 본격적인 투자에 뛰어들 거라고 보는 것이다.

영국의 경우 어릴 적부터 저축과 투자를 생활화하는 교육에 정부가 직접 나설 만큼 적극적이다. 2005년에는 어린이들을 미래의 투자가로 육성한다는 취지 아래, 차일드트러스트펀드(CTF, Child Trust Fund)를 도입하기도 했다. 영국 어린이들은 만 10세가 되면 이 펀드에 의무적으로 가입해야 하는데, 정부가 연간 250파운드(약 45만 원)를 무상으로 지원한다고 한다. 정기적금은 투자대상에서 제외되어 있지만 주식에만 치중하지 않으며, 특정 시기까지 자금을 마련할 수 있도록 18세 이전에는 출금이 불가능하다. 250파운드라는 종자돈으로 어린이의 장래를 대비해 목돈 마련을 돕는 동시에, 금융투자교육을 시키겠다는 것이다. 전 세계적으로 유례 없는 투자자 우대정책이라 할 수 있을 것이다.
하지만 상당수의 부모가 무상지원금만 적립한 데다 글로벌 금융위기 이후 국가의 재정이 어려워지면서, 낮은 효과와 재정 등을 이유로 폐지되었다. 현재는 비과세 혜택만 제공하는 청소년개인저축Junior ISA 제도를 도입해 시행하고 있다.
우리나라에서도 여러 금융회사들이 어린이 펀드를 출시하면서 다양한 경제교육의 기회를 제공하고 있다. 어린이 펀드 사이트를 이용한 교육, 집합교육, 기업방문, 해외체험 등 방법도 다양하고 내용도 충실한 편이다. 이런 내용을 충분히 살펴본 후 부담스럽지 않은 선에서 적당한 펀드에 가입하여, 자녀들에게 경제교육을 시키는 동시에 장기적으로는 학자금을 마련해나가도 좋을 것이다.

4

부동산 위주의 자산구조에서 벗어나라

우리가 마음에 새겨야 할 것은, 모든 재산을 부동산 한 곳에 집중시키거나
돈을 빌려서 무리하게 집을 사는 것이 노후준비에 큰 도움이 되질 않는다는 점이다.
이제 우리나라도 무리하게 돈을 빌려서라도 내 집을 마련하는 것이 좋은지,
아니면 임대주택에 살면서 여유자금을 운용하는 것이 좋을지를
합리적으로 따져봐야 하는 시대에 들어선 것이다.

집 한 채가
전 재산인 사람들

"당신이 보유하고 있는 자산의 현재 가치는 얼마입니까?"
"당신이 갚아야 할 부채 총액은 얼마나 됩니까?"
"자산에서 부채를 뺀 순자산은 얼마나 됩니까?"

아주 간단한 질문들이다. 하지만 놀랍게도, 이 간단한 질문에 그 자리에서 바로 대답할 수 있는 사람은 그다지 많지 않다. 또한 자신이 보유하고 있는 자산과 부채를 하나의 표로 정리해서 파악하고 있는 사람도 많지 않을 것이다.

하지만 30대 후반, 부동산과 금융자산이 어느 늘어나는 시기가 되면, 1년에 한 번이라도 자신의 재산 현황을 파악해볼 필요가 있다. 특히 정년퇴직을 앞둔 사람들이 노후설계를 할 때 반드시 해야 하는 작업이다.

재산상태를 파악하는 방법은 간단하다. 종이 위에 'T'자를 먼저 그린다. 'T'자의 왼편에는 보유하고 있는 자산들을 열거하고 자산별 현재 가치를 적는다. 'T'자의 오른쪽에는 왼편의 자산을 갖기 위해 혹은 다른 목적으로 은행 등에서 빌린 돈이 있으면 그 금액을 적는다.

자산은 실물자산과 금융자산으로 구분된다. 실물자산에는 거주용 주택, 토지, 가재도구, 자동차, 골프 회원권 등이, 금융자산에는 현금, 예금, 주식, 채권, 펀드, 보험, 연금 등이 포함된다. 가령 어느 시점에 실물자산과 금융자산의 합계가 10억 원이고, 은행에서 빌린 돈이 7억 원이라면, 10억 원에서 7억 원을 뺀 3억 원이 순자산, 자기 자본이 되는 것이다.

재산 상태를 파악한 다음에는 부채를 정리해야 한다. 만일 부채가 생활비를 충당하기 위한 것이라면 생활수준부터 낮춰야 한다. 생활수준을 관리하지 않고서는 안정된 노후생활을 기대할 수 없기 때문이다. 만약 주식이나 부동산 투자를 위해 돈을 빌렸다면, 대출금리와 투자 수익률간의 관계를 냉정하게 따져봐야 한다. 정책적인 저금리 자금이라면 모르지만, 보통의 대출금이라면 장기적으로 대출금리 이상의 투자 수익을 올린다는 것이 말처럼 쉽지 않기 때문이다.

부동산 vs. 금융자산

당연한 얘기지만 '100세 시대'에 후반 인생을 행복하게 보내려면, 건강한 신체, 노후에도 할 수 있는 일, 그리고 궁핍하게 지내지 않을 정도의 노후자금이 필수적이다. 그런데 2000년대 초반까지만 해도 노후준비는 할 수 있느냐 할 수 없느냐의 문제일 뿐, 방법 자체는 그리 복잡하지 않았다. 오랫동안 두 자릿수 금리가 지속돼온 덕분에 여유자금을 착실히 저축만 하면, 원금이 빠른 속도로 불어났기 때문이다.

이렇게 어느 정도 목돈이 모이면, 금융기관에서 좀 더 대출받아 괜찮은 부동산에 투자하는 것이 현명한(?) 재테크의 수순이었다 해도 과언이 아니다. 부동산 가격이 장기적으로 꾸준히 올랐기에, 노후에 부동산을 팔아서 쓰거나 임대소득으로 고정적인 생활비를 확보하는 데 아무런 무리가 없었던 것이다. 주위에서도 부동산 하나를 잘 잡았느냐 못 잡았느냐에 따라, 아파트를 언제 사고팔았느냐에 따라서, 모은 재산이 엄청나게 차이가 나는 것을 보았을 것이다. 문제는 이런 현상이 오랫동안 계속되다 보니, 우리나라 가정의 자산구조가 지나치게 부동산에 편중된 상태로 바뀌었다는 것이다. 우리나라 가정의 자산구조를 보면, 2010년 말 기준으로 부동산과 금융자산의 비율이 78대 22 정도인 것으로 나타났다(재경부 출처). '자산=부동산'이라고 할 정도로 부동산에 편중돼 있음을 알 수 있다.

그러나 다른 국가의 사정을 보면, 우리와는 큰 차이를 보인다. 미국

가정의 경우 부동산과 금융자산의 비율은 35대 65 정도로, 금융자산이 부동산의 2배에 가깝다고 한다. 아무래도 미국에서는 부동산, 즉 집에 대한 집착이 우리보다 덜하기 때문인 것 같다. 집에 대한 인식 자체가 다른 것이다. 미국인들은 집이 없으면 빌려 살면 된다고 생각하기 때문에, 우리나라처럼 무리해서 집을 사려 하지 않는다. 물론 2008년 서브프라임 사태처럼, 미국인들도 무리한 대출로 집을 사서 금융위기를 불러온 적도 있다. 그래도 여전히 금융자산이 부동산보다 가계자산에서 차지하는 비중이 높은 편이다.

일본의 경우 1980년대까지는 부동산과 금융자산의 비율이 한국과 비슷한 양상을 띠었다. 하지만 지금은 41대 59로 오히려 미국의 비율에 근접해가고 있다. 말할 것도 없이, 일본의 부동산이 1980년대 말의 1/10, 1/5 수준으로 폭락한 것이 가장 큰 원인일 것이다.

일반적으로 소득 수준과 연령이 높아질수록, 부동산의 비중은 줄이고 금융자산의 비중은 높이는 것이 바람직한 자산관리의 원칙이다. 특별한 벌이가 없을 때는 그동안 모아놓은 자산을 바탕으로 현금의 흐름을 만들어 생활비를 마련해야 하기 때문이다. 부동산은 금융자산보다 유동성이 훨씬 떨어지기 때문에 필요할 때 현금을 조달하기가 쉽지 않다. 특히 아파트가 아닌 주택의 경우에는 사정이 더욱 어렵다. 돈이 필요한데 소유한 대형 빌라나 주택이 좀처럼 팔리지 않아 난감해하는 이들을 본 적이 있을 것이다. 고령 인구가 많은 일본이나 베이비부머세대가 은퇴를 시작한 미국도 자산운용에서 '인출 전략'이 중요한 화두로 등장한 지 오래다. 매월 어느 정도의 금액을 인출하느냐에 따라 필요한 자산의 규모가 크게 달라지기 때문에, 인출 전략을 어떻게 짜느냐가 자산관리의 '뜨거운 감자'인 셈이다. 인출 전략의 관점에서 부동산의 유동화는 반드시 해결해야 할 숙제다.

그런데 문제는 우리나라 사람들을 보면, 집 한 채가 전 재산인 경우가 많다는 것이다. 과거에는 큰 집이라면 팔아서 작은 집으로 옮기고 나머지 돈으로 생활비를 쓸 수도 있었을 것이다. 하지만 요즘처럼 부동산 시장이 얼어붙어 있으면, 그마저도 어려워진다. 부동산 유동화라는 측면에서는 주택금융공사에서 시행하고 있는 '주택연금'과 같은 제도에도 관심을 가질 필요가 있다.

더 이상 내 집 마련에 올인하지 마라

지금이야 좀 덜하지만 6~7년 전만 해도, 자신이 살고 싶은 아파트에 청약을 넣기 위해 앞 다투어 줄을 서기 일쑤였다. 수년 전 용산의 한 주상복합아파트 분양 현장에서는, 청약을 접수하려는 사람들이 밤새도록 줄을 서는 진풍경이 연출되기도 했다. 청약 과열 현상이 언론에 크게 보도되고 있을 무렵, 서울 특파원으로 와 있던 일본인 신문기자와 저녁을 같이 할 기회가 있었다. 그때 그 기자로부터 들은 말이 지금도 기억에 생생하다.

"요즘 한국을 보고 있으면 1980년대 말 일본을 보는 것 같습니다. 그때 일본도 그랬거든요. 이런 현상이 언제까지 갈까요? 제 생각엔 말기 증상 같기도 한데…."

물론 집값이 정점을 찍었던 1980년대 말 일본과 우리나라의 부동산 시장을 단순히 비교하기는 어렵다. 경제 구조도 다르거니와 민족성도 다르기 때문이다. 더구나 말기 증상이라는 말을 함부로 쓸 일도 아니다.

하지만 최근 고전을 면치 못하는 부동산 시장을 보고 있노라면, 일본인 기자의 표현이 조금은 과장됐지만 틀리지는 않았구나 싶다.

비슷한 사례는 1970년대 미국에서도 있었다. 지금은 신한금융투자로 바뀐 구 굿모닝증권의 이사회 의장을 역임했던 티모시 매카시로부터 들은 얘기다. 당시 미국의 대도시에 사는 샐러리맨들 사이에서는 임대 아파트 투자가 일종의 유행처럼 번졌다고 한다. 주택 건설업자들의 뛰어난 수완 덕분이었을까. 미국의 주택 건설업자들은 예쁜 임대 아파트를 지은 뒤 한 폭의 그림처럼 멋진 사진을 찍어 샐러리맨들에게 보냈다. '금리도 낮은데 노후 생활비를 어떻게 해결할 것인가, 임대 아파트에 투자해서 노후에 대비하라'는 내용의 팸플릿도 동봉했다. 금리 하락과 동시에 노후 대비를 걱정하던 수많은 샐러리맨들이 열심히 저축한 돈을 털어 여기에 투자했다.

문제는 그로부터 10년, 20년이 지난 후에야 나타났다. 막상 월세를 받아 생활하려고 보니 부동산 시장의 상황이 바뀐 것이다. 여유 있는 사람들이 전부 교외로 빠져나가면서 그 일대는 점차 슬럼화되어갔다. 남아 있는 것은 낡은 아파트와 이것을 투자라고 믿고 있었던 노인들뿐이었다. 임대도 되지 않고 아파트 가격도 떨어져 노후 대비와는 거리가 멀어져버린 것이다.

일본과 미국에서 왜 이런 일이 벌어졌던 것일까? 이유는 간단하다. 공급은 늘고 수요는 크게 줄었기 때문이다. 국가마다 사회간접자본에 대한 투자가 끝나면서 주택 공급이 크게 늘어나는 시기가 있다. 미국의 경우에는 1970년대, 일본의 경우에는 1980년대 후반이 바로 그러한 시기였다. 물론 주택이 늘어나도 수요가 뒷받침되면 아무런 문제가 없다. 문제는 계속해서 수요가 줄어든다는 점이다.

일본을 예로 들면, 일본의 출산율은 1.3~1.4명 수준이 계속된 지 오래다. 이들 세대가 결혼할 때는, 세 쌍 중 두 쌍이 양쪽 부모로부터 집을 한 채씩 물려받는다는 계산이 나온다. 이런 통계가 일본의 주택 가격 하락에 영향을 미친 것이다.

그런 관점에서 보면 우리나라의 출산율 저하는 더더욱 심각하다. 1950년대 후반 베이비부머가 출생하던 시기에는 6.3명 정도였던 출산율이 최근에는 1.2~1.3명 수준으로 낮아졌다. 2005년의 경우에는 1.08명이었다. 이 해에 태어난 세대가 결혼할 때는 모든 자녀가 부모에게서 집을 한 채씩 물려받는다는 계산이 나온다. 장기적으로 주택 수요가 크게 늘지 않을 것임을 확실히 뒷받침하는 통계다.

지금까지는 가격이 크게 올라주었기 때문에 신경 쓰지 않았던 주택 보유 리스크도 이제는 심각하게 고려해야 한다. 세월이 흐르면서 주택은 낡기 마련이다. 주위 환경도 어떻게 변할지 모른다. 말하자면 자산가치 하락 리스크인 것이다. 여기에 은행 차입금의 금리 리스크, 직장을 잃게 되었을 때 겪을 수 있는 차입금 상환 리스크 등도 계산에 넣지 않으면 안 된다. 대부분의 자가 주택은 안전성, 수익성, 유동성 면에서 임대주택보다 불리하다고 봐야 한다. 따라서 구입자금의 상당 부분을 빌려 집을 살 때는 내 집 마련자금, 차입상환금, 유지비용 등을 운용해 수익을 얼마나 얻을 수 있는지, 그 수익을 희생하고서라도 무리하게 집을 사야 하는지를 꼼꼼하게 판단해야 한다.

집을 임대해주고 월세를 받아 생활하려 할 경우, 관리상의 어려움 또한 진지하게 고려해야 한다. 얼마 전 밀린 월세를 받으러 갔던 집주인이 세입자에게 살해당한 사건이 보도되어 세간에 큰 충격을 준 적이 있었다. 주위를 둘러봐도 임대 사업자들 중에는 세입자가 속을 썩여서 골머리를 앓는 사람이 적지 않다.

그러나 임대가 제도화된 나라의 사정을 들여다보면, 우리의 고민은 배부른 소리일지도 모른다. 그런 나라에서는 입주자가 월세를 안 내고 버틸 경우 대응하기가 훨씬 더 어렵다. 소송을 해서 내보낸다 하더라도 시간이 얼마나 걸릴지도 모른다. 이 때문에 대부분의 사람들이 실물 부동산에 직접 투자하기보다 부동산 펀드와 같은 간접투자를 택하게 된다. 게다가 국가정책상 임대주택의 공급이 계속 늘어나게 되면 집주인도 예전처럼 위세(?)를 부릴 수만은 없을 것이다.

다른 나라의 사례에서 우리가 배워야 할 것은, 부동산이 투자대상으로 적절치 않다는 것이 아니다. 부동산이 여전히 중요한 투자대상 중 하나인 것만은 분명하다. 다만 모든 재산을 부동산 한 곳에 집중시키거나 돈을 빌려서 무리하게 집을 사는 것이 노후준비에 큰 도움이 되질 않는다는 점을 마음에 새겨야 한다. 이제 우리나라도 무리하게 돈을 빌려서라도 내 집을 마련하는 것이 좋은지, 아니면 임대주택에 살면서 여유자금을 운용하는 것이 좋을지를 합리적으로 따져봐야 하는 시대에 들어선 것이다.

땅도 수입할 수 있는 시대

나는 일본에서 근무한 덕에 일본인 친구들이 많은 편이다. 그런데 서울을 방문하는 일본인들마다 예전에 비해 서울의 물가가 너무 올랐다는 말들을 많이 한다. 무엇보다 높은 부동산 가격, 특히 높은 토지 가격을 지적한다. 굳이 일본인의 말을 빌리지 않더라도, 높은 부동산 가격이 우리나라 경제의 발목을 잡고 있는 현실을 걱정하는 목소리가 적지 않다. 남덕우 전 국무총리는 저서 《경제개발의 길목에서》를 통해 다음과 같이 말하고 있다.

"토지정책을 수립하지 않고 개발을 무분별하게 추진한 결과, 부동산 투기와 땅값 상승이 언제나 정부를 괴롭혔고, 오늘날에도 이 문제는 해결되지 않고 있다. 토지의 사유권은 인정하되 이용권을 사회화하는 방향으로 토지정책을 확립했어야 했다."

무분별한 개발정책으로 인해 땅값이 널을 뛰는 현실을 꼬집는 이야기일 것이다. 땅은 사두고 가만히 묻어두면 돈이 된다는 말도 있듯이, 우리나라 사람들은 땅에 대해 신앙에 가까울 만큼 맹목적인 믿음을 갖고 있다. 실제 주위에서도 자식의 앞날을 위해서라도 땅만은 함부로 팔아서는 안 된다는 부모들이 있을 정도다. 문제는 이런 현상이 오랫동안 계속되다 보니, 우리나라 가정의 자산구조가 지나치게 부동산에 편중되어 있다는 것이다.

그런데 투자교육을 하면서 한국과 미국, 일본의 자산구조를 비교해서 설명하면, '저 사람이 주식 사라는 이야기를 하려고 부동산이 이제는 희망이 없다고 하는구나'라는 표정을 짓는 분들이 적지 않다.

그러나 결코 그런 의도가 아니다. 다만 우리나라 가정의 자산구조가 지나치게 부동산에 편중되어 있다는 게 문제라고 말하고 싶은 것뿐이다. 거듭 말하지만 이제는 부동산과 관련된 고정관념을 떨쳐버려야 한다. 그중 대표적인 고정관념이 우리나라는 국토가 좁기 때문에, 땅을 다소 비싸게 사더라도 놔두면 언젠가는 오를 거라는 기대다. 지금처럼 국제화된 시대에는 땅도 간접적으로 얼마든지 수입해올 수 있는데 말이다.

1980년대 후반 일본 도쿄에서 근무할 때의 일이다. 당시 일본은 버불경제의 영향으로 전국의 땅값이 천정부지로 치솟고 있었다. 일본 도쿄 중심가에 왕궁이 있는 지역을 '치요다구'라고 하는데, 당시 시세로 이 구 하나만 팔면 그 돈으로 캐나다 땅을 전부 살 수 있다는 말까지 나올 정도였다. '치요다구'는 서울로 치면 창경궁, 경복궁이 있는 종로구와 같은 지역이다. 그곳의 땅값이 얼마나 비싸기에 캐나다 전체의 땅값과 맞먹을 정도였을까. 도쿄만이 아니었다. 정도의 차이는 있었지만 일본 전역의 땅값이 그렇게 비쌌다.

그런데 하루는 영국인 이코노미스트가 재테크 관련 강연회에 나와 영국의 상황을 예로 들며, 일본의 땅값이 지금은 계속 오르고 있지만 머지않아 급락할 거라고 예측했다. 그가 소개한 영국의 경험은 다음과 같았다.

"18세기 후반 영국에서는 오랜 기간에 걸쳐 전국의 땅값이 올랐습니다. 아시다시피 영국은 섬나라이기 때문입니다. 바다를 메워서 약간 땅을 넓힐 수는 있지만, 땅 자체를 해외에서 사올 수는 없습니다. 땅을 수입할 수 없으므로 다소 비싸더라도 매입 후 계속 보유하고 있으면 언젠가는 땅값이 오른다고 다들 생각했지요. 이것이 땅값이 장기 상승한 이유입니다.

그런데 계속 오르던 땅값은 어느 날 영국정부가 내린 조치 하나로 급락세로 돌아섭니다. 그 조치는 바로 유럽대륙으로부터 밀 수입을 자유화한다는 내용이었습니다. 영국은 밀을 주식으로 하는 나라인데요. 그 밀을 해외에서 들여오지 못하고 국내에서 생산되는 밀만 먹게 될 때는, 인구가 늘거나 경제가 성장해 밀 가격이 오르면 밀을 생산하는 영국의 땅값도 같이 오르게 됩니다. 그러나 밀 수입이 자유화되자 해외에서 영국 내 생산가격의 절반 또는 1/3 가격에 사올 수 있게 되었습니다. 이는 간접적으로 땅을 싸게 사오는 것과 똑같은 효과를 발휘합니다. 이런 인식이 퍼지면서 영국의 땅값은 급락세로 돌아서기 시작했습니다."

영국인 이코노미스트의 예측대로 일본의 땅값은 1991년을 정점으로, 20년 가까이 하락 국면을 보였다. 1974년을 100으로 한 일본의 전국 상업용지 가격지수는 1991년 248까지 치솟았다가 2009년에는 72까지 하락했다. 물론 버블 붕괴의 영향도 컸지만, 일본 역시 영국과 유사한 경험을 거쳤다고 볼 수 있을 것이다.

부동산 불패신화, 계속될 것인가?

우리나라도 이러한 점에서 예외는 아니다. 농산물 수입 자유화, 해외여행 자유화, 국내 기업의 해외 이전 등, 우리도 얼마든지 땅을 간접적으로 수입할 수 있는 시대가 되었기 때문이다. 해외에서 쌀을 싸게 수입해오면 김제평야, 평택평야의 땅값은 영향을 받을 수밖에 없다. 지금은 해외 농산물을 국내가격의 절반 또는 1/10 가격으로 얼마든지 수입해올 수 있는 시대다. 국내 기업 또한 얼마든지 해외에 공장을 지을 수 있다. 실제 인도, 중국, 베트남 등지에서 한국 기업들에게 공장부지를 무상에 가까운 값으로 제공하겠다는 제안을 많이 하고 있다. 만일 한국 기업이 이 제안을 받아들여 해외로 이전한다면 그 기업의 공장이 있던 지역의 땅값은 떨어질 수밖에 없다. 그동안 국내 땅값은 기업들이 사서 오른 경우가 대부분이었는데, 이제는 땅을 사려는 기업이 거의 없다. 몇 년 전 설문조사를 한 결과에 의하면 국내 기업의 경우 해외보다 국내에 공장 짓기를 희망했지만, 높은 땅값과 부지 부족으로 어려움을 호소하는 것으로 나타났다.

일례로 공동체 운동을 하는 국내 어느 종교단체는 수 년 전 러시아의 블라디보스토크에서 집단농장을 하던 자리를 빌려 농장을 시작했다. 반듯하고 비옥한 땅 13만 평을 러시아 정부로부터 빌렸는데, 놀랍게도 13만 평에 대한 1년간의 임차료는 단돈 100달러였다고 한다. 농장에서 일할 근로자들은 북한에서 200명을 데려왔다. 이런 사례는 얼마든지 있다. 만주 흑룡강성에 1억 평을 거의 무상으로 빌렸다는 기업도 있다. 우리나라도 이제 땅은 얼마든지 수입할 수 있게 되었는데, 아직도 국민들의 인식은 바뀌지 않고 있다. 토지가 수용되어 땅값을 보상받는 사람들을 보면, 대부분 보상받은 돈으로 또 땅을 산다. 아직도 많은 사람들이 땅에 대한 집착, 신앙을 품고 있는 것이다. 지금처럼 경계가 무너진 시대에 우리나라는 땅이 좁으니까 기다리면 언젠가 땅값은 오른다, 땅에 투자하는 것이 최고다라는 생각은 버려야 한다.

집에 대한 생각, 이제는 바꿔라

　　　　　　우리나라 가계의 자산구조에서 부동산이 차지하는 비중이 너무 높다는 점을 얘기할 때마다 단골로 드는 사례가 있다. 일본 도쿄 수도권에 살고 있는 일본인 친구의 28평형 아파트 가격 추이다. 과거 30여 년 동안 이 아파트의 가격이 얼마까지 올랐다가 얼마나 떨어졌으며, 오르고 떨어진 원인은 어디에 있는지, 또한 고령화 사회가 진전되면서 집에 대한 일본인의 인식이 어떻게 바뀌어 왔는지를 소개한다. 우리보다 20~30년 먼저 고령화가 진행된 일본의 집값 추이, 집에 대한 인식의 변화가 노후 대비 자산관리의 방향을 정하는 데 일종의 길잡이 역할을 하는 셈이다.

　내 친구는 도쿄 수도권의 28평 아파트를 1984년 1,200만 엔에 샀는데, 일본의 집값이 정점을 찍었던 1990년에는 3,600만 엔까지 올랐다고 한다. 6년 만에 무려 3배나 오른 것이다. 과거 우리나라 집값 상승률 못지않은 수준이다. 바로 일본의 베이비부머세대(1947~1950년생)들이 앞 다투어 내 집 마련을 하던 시기였다.

그렇다면 일본의 집값이 최고조였던 1990년은 어떤 풍경이었을까? 일본에서 버블경제가 최고조를 이룬 시기이기도 했지만, 더 깊숙이 들여다보면 40세 인구의 숫자가 가장 많았을 때다. 집값은 그 나라의 40세 인구가 가장 많을 때 최고를 기록하는 경우가 일반적인데, 아무래도 그 무렵에 집 장만을 가장 많이 하기 때문이다. 참고로 우리나라는 1971년 출생자가 110만 명으로 가장 많고, 이들이 40세가 되는 해가 2011년이었다.

그런데 그렇게 올랐던 이 친구의 집값이 최근에는 460만 엔 수준까지 떨어졌다. 지하철로 50분에서 1시간이면 도쿄 중심가에 갈 수 있는 거리인데도, 우리나라 돈으로 6,000만 원이 채 안 되는 시세인 것이다. 어떻게 이 정도까지 떨어진 것일까?

이유는 간단하다. 공급은 늘고 수요는 크게 줄었기 때문이다. 문제는 공급이 늘어난 집들을 누가 사느냐다. 앞에서도 잠시 언급했지만, 1947년 4.4명 수준이었던 일본의 출산율은 90년대 중반 이후 1.3명 수준으로 떨어져 지금껏 이어지고 있다. 이들 세대가 결혼할 때는, 세 쌍 중에서 두 쌍이 양쪽 부모로부터 집을 한 채씩 물려받는다는 계산이 나온다.

그런데 일본의 주택 보급률은 2010년 기준으로 113%나 된다. 13%에 해당되는 757만 채가 비어 있다고 한다. 주택정책의 우선순위를 주택공급에서 빈집 처리로 바꿔야 할 만큼, 집이 남아도는 것이다. 이 때문에 일본의 젊은 세대들은 내 집 마련에 딱히 관심이 없다고 한다. 기다리고 있으면 어차피 양가 부모로부터 집 한 채씩 물려받을 텐데 굳이 집을 사야 할 필요가 있느냐는 것이다.

강의 중에 이런 사례를 소개하면, 그건 어디까지나 일본의 사정이지 우리는 다르지 않느냐는 표정을 짓는 사람들이 많다. 물론 현재는 다르다. 그러나 변화의 속도는 우리나라가 훨씬 더 빠르다는 점을 염두에 두어야 한다.

우리나라의 출산율 추이를 보면, 1950~1955년에 5.05명, 1955~1960년에 6.33명, 1960~1965년에 5.63명이었다. 60년대에서 70년대 초반 사이에 태어난 베이비붐 세대가 대량으로 집을 사기 시작하고, 여기에 핵가족화와 투기까지 가세되어 우리나라 집값이 급격히 오르기 시작했다.

그런데 2005년의 출생률은 1.08명, 2010년에는 출산 장려 정책의 효과도 없이 1.22명에 불과했다. 그나마 2012년에는 1.30명으로 조금 상승하는 모습을 보였다. 20~30년 후 이들이 결혼할 때쯤이면, 대부분의 신랑신부가 외동아들과 외동딸일 것이 확실하지 않은가. 신랑도 신부도 양가 부모로부터 집 한 채씩 물려받는 시대가 도래할 거라는 얘기다.

반면 2009년 우리나라의 전국 평균 실질주택 보급률은 102.3%를 기록했다. 집 한 채 갖기 힘들다는 서울도 100%를 넘어섰다고 한다. 옥탑방이나 반지하방까지 포함된 수치긴 하지만, 이러한 수치는 많은 것을 시사한다. 원룸과 오피스텔까지 포함시키면 아마도 주택 보급률은 훨씬 높아질 것이다. 주택 수요가 과거와 달리 앞으로는 크게 늘어나지 않을 것임을 나타내주는 통계다. 집값은 이런 통계를 미리 반영해 떨어진다는 점도 고려해야 할 것이다.

'집값은 계속 오른다', '노후에는 뭐니뭐니해도 부동산이 최고다' 등의 생각이 앞으로도 계속 유효할까? 이제 더 이상 과거와 같은 눈으로 부동산을 바라보지 말고 집에 대한 생각을 바꿔야 한다.

주택의 규모를 줄여라

고령사회를 일찍 경험한 일본에서는 노부부만 살거나 배우자가 사별해 혼자 살 경우, 18~20평쯤 되는 작은 집을 고른다고 한다. 입지적으로는 쇼핑·의료·취미·오락·친교를 가까운 데서 해결할 수 있는 도심에 자리 잡고 있으며, 그중에서도 가장 선호하는 입지는 병원이 가까운 곳이라고 한다.

우리나라의 65세 고령자 비율은 11%지만, 그중 75세가 넘은 후기 고령자 비율은 4%밖에 되지 않기 때문에, 이러한 일들이 아직은 멀게만 느껴지는 것도 사실이다. 그러나 앞으로 10여 년 후에는 우리나라도 일본처럼 될 가능성이 적지 않으므로 미리미리 준비해야 할 것이다.

그런데도 여전히 우리나라의 경우 자녀들을 독립시킨 부부가 큰 평수의 집을 고집하는 모습을 자주 보게 된다. 심지어 자녀가 결혼하면 새로운 식구가 들어오기 때문에 집을 넓혀야 한다고 주장하는 이들도 있다. 사위나 며느리가 들어왔으니 큰 집이 필요하다는 것이다. 1년에 몇 번 와서 머물다 갈지도 모르는 자녀들 때문에 그렇게 꼭 넓은 집에 사는 게 옳은 것일까? 게다가 정기적인 수입이 있을 때는 관리비에 대한 부담이 적었을지 몰라도, 퇴직 후에는 이 또한 결코 만만치 않다.

게다가 집에 관한 모든 문제는 가격적 측면을 떠나 라이프스타일을 고려해야 한다. 왕성하게 현역으로 활동하던 시절에야, 주택은 보금자리인 동시에 좋은 투자 수단이었을 것이다. 그러나 퇴직 후에는 집에 대한 관점을 새롭게 정리할 필요가 있다. 무엇보다 병원이나 쇼핑시설은 가까운지, 노부부가 살기에 적합한 크기인지 이웃은 어떤 사람인지 등을 잘 살펴야 할 것이다.

주택연금을 활용하라

●

은퇴 전에 살던 집을 줄여 작은 집으로 옮긴다 해도, 늘어난 후반 인생을 감안하면 생활비가 턱없이 부족하기 마련이다. 그런데 가진 것이라곤 살고 있는 집 한 채뿐이라면, 이를 어떻게 활용해야 할까?

이때 가능한 것이 바로 주택연금이다. 주택연금은 살고 있는 집을 담보로 주택 소유자 및 배우자가 사망할 때까지 연금을 수령하는 제도다. 외국에서 은퇴자를 위해 실시되는 '역모기지론'이 우리나라에서는 주택연금이라는 이름으로 시행되고 있다.

주택연금은 본인과 배우자 모두 만 60세 이상이고 1세대 1주택(9억 원 이하)일 경우 가입이 가능하다. 연금을 수령하는 방식은 수시 인출 없이 사망할 때까지 매달 일정 금액을 연금으로 받는 '종신 지급방식'과, 대출 한도의 50% 내에서 개별 인출을 허용하고 나머지 부분에 대해 매달 일정 금액을 연금으로 받는 '종신 혼합방식'이 있다.

주택연금의 가장 큰 장점은 대출금 상환방식이다. 대출금은 이용자가 사망한 후 주택을 처분해 일시적으로 상환하는데, 이때 대출금 상환금액은 담보 주택을 처분한 가격 내로 제한된다. 즉 대출금이 주택가격을 초과해도 나머지를 가입자에게 청구하지 않는다는 얘기다. 대신 대출을 상환하고 돈이 남을 경우에는 가입자에게 돌려주게 되어 있다. 게다가 대출이자에 대해서도 200만 원 한도로 소득공제를 해주는 동시에 재산세를 25% 감면해준다고 하니, 여러모로 혜택이 많은 상품이다.

실제 한국주택금융공사가 2012년 실시한 '주택연금 수요실태조사'에서 주택연금 이용자들의 상품 만족도는 64.3%로 나타났다. 2008년

45.5%, 2010년 63%에 이어 꾸준한 상승세를 보여주는 수치다. 이 조사는 주택을 보유한 일반 노년층 2,000가구와 주택연금 이용자 600가구를 대상으로 이루어진 것이다. 주택연금의 가장 큰 장점으로는 '평생 동안 매달 연금을 받을 수 있기 때문'이라고 응답한 비율이 각각 89.7%와 93.5%을 기록했다. 주택연금 이용 이유를 묻는 질문에 대해서는, '자녀에게 생활비 부담을 주고 싶지 않아서'라는 대답이 각각 95.3%, 90.0%를 차지했다.

이 조사결과는 왜 주택연금을 이용하고 싶어 하는지, 생활 안정도와 주택연금의 상관관계가 어떤지를 여실히 보여주고 있다.

임대사업의 빛과 그림자

●

'노후에 임대료 나오는 건물 하나 있으면 얼마나 든든할까?' 안정적인 생활비를 보장해주는 건물은 많은 직장인들의 경제적 로망일 것이다.

하지만 임대사업은 생각만큼 우아하지 않다. 모든 임차인이 제때 임대료를 내는 게 아니니, 빨리 내라고 독촉도 해야 하고 때로는 싸울 각오도 해야 한다. 이런 일로 임차인과 다투는 게 싫다면 별도로 관리인을 고용해야 하는데, 그럴 경우 추가적으로 인건비가 들어갈 수밖에 없다.

둘째, 세월이 흐르면 사람도 늙지만 건물도 늙는다. 사람도 아프면 병원에 가는 횟수가 늘어나듯이, 부동산도 이런저런 수리비로 상당한 비용이 들어갈 수밖에 없다. 그때그때 수리해주지 않으면 임대료가 떨어져 원하는 소득을 올릴 수 없게 된다.

셋째, 매년 납부해야 하는 재산세와 종합 소득세 등 각종 세금뿐 아니라, 임차인이 바뀔 때마다 중개인에게 지급해야 하는 부동산 수수료도 고려해야 한다. 특히 임차인 회전율이 높은 다세대나 오피스텔의 경우 중개 비용은 반드시 계산에 넣어야 한다.

넷째, 상가임대사업을 하고자 한다면 상권의 변화를 고려해야 한다. 특히 지방 중소도시의 경우 신시가지 개발로 이전에 번화했던 상권이 급작스럽게 몰락할 가능성이 높다. 노후 생활비를 상가에서 나오는 임대료에 전적으로 의지하다 이런 일을 당하게 되면, 경제적인 난관에 봉착할 수밖에 없다.

전세, 언제까지 계속될까

'전세'는 우리나라에만 있는 제도이기 때문에, 집 없는 서민들이나 집을 활용해 자금을 확보하려는 이들에게는 간과할 수 없는 관심사다. 지금까지는 통상적으로 전세가격이 오르면 집값도 올랐다.

그런데 최근의 전세가격 상승은 집값 하락과 동시에 시작되었다는 점을 주목할 필요가 있다. 집값 상승에 대한 기대가 무너지면서 집을 사는 대신 일단 전세로 살아보자는 이들이 많아졌고, 자연스레 전세가격이 상승한 것이다. 최근 5년 동안 전세가격은 무려 40% 가까이 급등했다고 한다.

이런 현상은 다른 나라에는 없는 전세제도가 뿌리를 내린 우리나라에서만 볼 수 있는 것이다. 전세는 일종의 사금융이다. 집주인이 세입자에게 돈을 빌려 집을 사고, 빌린 돈에 대한 대가로 세입자에게 집에 대한 사용권을 주는 것이다. 세입자는 적은 돈으로 집을 갖고, 집주인은 별도의 이자 비용 없이 집을 사서 가격이 오르면 차익을 얻을 수 있기에, 급속히 확산될 수 있었다.

하지만 집값이 떨어지면 사정이 달라진다. 집값이 오르지 않거나 떨어질 것으로 예상되면 주택을 구입하려던 실수요자마저 전세로 돌아서게 된다. 게다가 더 이상 시세 차익을 얻지 못하게 된 집주인은, 자본 조달 비용을 줄이기 위해 전세가격을 올리거나 월세로 전환해 임대소득을 얻으려 할 것이다. 집값 하락이 가속화되면 전세가격과 집값의 격차는 더 많이 줄어들 것으로 예상된다. 노후에 주택을 임대해 소득을 얻거나 집을 팔고 전세로 살 생각이 있다면, 이러한 변화를 끊임없이 주시해야 한다.

전세제도가 언제까지 계속될 것인지도 주목할 만한 이슈다. 최근에는 전세 대신 '반전세'로 사는 세입자가 점점 늘어나고 있다. 서울시에 따르면 2013년부터 2013년 2월까지 서울에서 이뤄진 임대차 계약은 5만 6,889건인데, 그중 월세가 1만 9,973건이었다고 한다. 35.4%

로 지난해 같은 시기의 29.7%보다 늘어난 수치다. 월세에 보증금이 없는 순수 월세는 드물기 때문에 사실상 반전세가 늘어난 셈이다.

반전세는 보증금에 매달 임대료를 내는 월세처럼, 전세가격 상승분을 월세로 돌리는 것이다. 반전세가 늘어난 이유는 부동산 시장이 얼어붙고 금리가 내려가면서 집주인들이 월세를 받길 원하기 때문이다. 반면 집값은 계속 내리는데 전세가 올라서 보증금 보장이 위험해지자, 아예 세입자 쪽에서 보증금 부담이 덜한 '반전세'를 원하는 경우도 있다고 한다.

문제는 반전세가 세입자의 가계지출에 큰 타격을 입힌다는 점이다. 보증금은 줄지만 고정적으로 나가는 월세는 적지 않은 부담이 될 수밖에 없다. 반전세가 많아지면서 전세로 나오는 집들이 줄어들자 전셋집을 구하기는 점점 더 어려워지고 있다. 이러한 추이를 보고 있노라면, 결국 우리나라에서도 언젠가는 전세가 사라질 수 있다는 생각을 하게 된다.

결국은 분산투자다

부동산 경기가 나쁘다고 해서 무조건 부동산에 투자하지 말라는 것은 아니다. 부동산은 경제적인 합리성으로만 따지기에는 애매한 측면이 너무 많다. 부동산이 투자대상으로 적절치 않다거나 주식이나 펀드투자가 더 좋다는 것은 결코 아니다. 다만 모든 재산을 부동산 한 곳에 집중시키거나 돈을 빌려서 무리하게 집을 살 경우, 그에 따르는 위험을 철저하게 따져야 하는 시대가 되었다는 점을 말하고 싶다.

모든 투자에는 리스크가 따른다. 그 리스크를 관리할 수 있는 가장 좋은 방법은 투자대상의 분산이다. 장차 어떤 일이 일어날지 모르기 때문에, 어떤 일이 생기더라도 그에 대응할 수 있도록 투자대상을 분산해야 한다.

미국에는 캘리포니아의 '땅 많은 가난뱅이'라는 말이 있다. 부동산을 잔뜩 보유하고 있으면서도 그것을 현금화하지 못해 고생하는 사람을 빗댄 말이다. 이는 결코 미국만의 이야기가 아니다. 부동산은 문자 그대로 '움직이지 않는 자산'임을 명심해야 한다. 특히 고령 세대일수록 부동산의 비중을 줄이고 금융자산의 비중을 높일 수 있는 길을 적극 검토해야 할 것이다.

간혹 내 강의를 듣거나 글을 읽고는 "당신 말을 듣고 보니 일리가 있다. 먼저 내 자산의 20%만이라도 부동산에서 금융자산으로 옮겨야겠다"며 자문을 요청해오는 사람이 있다. 한편 "당신 의견이 일리는 있다. 하지만 지금 갖고 있는 부동산은 아까워서 팔 수 없고 앞으로 생기는 돈은 모두 금융자산으로 보유하겠다"고 말하는 사람도 있다. 젊은 세대 중에는 "저는 모아둔 재산은 거의 없고요, 매달 월급 받아 생활비 쓰고 나면 30만 원쯤 남는데 이걸 금융자산으로 어떻게 운용하면 좋을까요?" 하고 묻는 이도 있다.

과연 자신이 보유한 금융자산을 어떤 상품에 넣어 어떻게 운용하면 좋을까? 여러 가지 방법이 있겠지만, 여기서는 단 한 가지만 강조하고 싶다. '분산투자'를 하라는 것.

금융상품은 현금, 예금, 지급조건이 확정된 보험, 지급조건이 확정된 연금처럼 금융기관이 운용결과를 책임지는 저축상품과, 주식, 채권, 펀드와 같이 운용결과에 대해 자신이 책임을 져야 하는 투자상품으로 나뉜다. 저축상품과 투자상품을 토대로 자신의 형편에 맞게 분산투자한다면, 어떤 상황이 닥쳐와도 큰 타격을 입는 일은 없을 것이다. 자산의 활용과 투자에 대해서는 5장에서 좀 더 자세히 살펴볼 것이다.

5

줄지 않는 생활비, 어떻게 해결할까?

2033년부터는 65세가 되어야 국민연금을 수령할 수 있다고 하니,
대략 55세부터 65세까지 약 10년의 소득 공백이 발생하는 셈이다.
자녀의 결혼비용이나 대학 등록금 등 엄청난 지출이 예상되는 시기에 소득이 없다니,
'소득 빙하기'라는 말이 절로 나올 만큼 심각해지지 않을 수 없다.
따라서 퇴직 후 국민연금을 수령할 때까지의 소득 공백기를 어떻게 보낼 것인지,
현역 시절부터 미리미리 계획을 세워야 한다.

최저 생활비,
3층 연금이 답이다

"월급 받은 지가 엊그제 같은데, 돈이 어디로 갔는지 모르겠어." 어릴 적 누구나 한 번쯤 이러한 어머니의 푸념을 들은 기억이 있을 것이다.

요즘 직장인들은 월급이 통장을 스쳐간다는 하소연으로 이를 대신한다. 그러고 보면 월급쟁이로 사는 건 예나 지금이나 만만치 않은 모양이다. 왕성하게 활동할 때도 그러할진대, 회사를 그만두면 상황은 대체 얼마나 더 심각해질까? 써야 할 돈이 줄어도 시원찮은데, 시간적 여유가 많아지면서 써야 할 돈은 오히려 늘어만 간다.

실제 이야기를 들어보면, 통장에 꼬박꼬박 월급이 들어오는 것이 얼마나 소중한지를 직접 닥쳐서야 알게 되었다는 이들이 의외로 많다.

노후 대비에 관한 강의를 할 때도 마찬가지다. 주식투자, 부동산 투자, 펀드투자처럼 재테크에 대해 궁금해하는 사람은 많은데, 그보다 몇 배는 더 중요한 연금에 대해서는 정작 관심이 덜하다는 느낌이다. 그나마 최근 들어 언론에서 워낙 많이 보도된 덕에 연금의 중요성이 많이 부각되긴 했지만, 아직도 많은 이들이 연금을 '오래 살아야 이득을 보는 상품' 정도로 인식하고 있는 듯하다.

그러나 100세까지 살지, 110세까지 살지 알 수 없는 상황에 대비하기 위해서는 수억 원을 모으는 것보다, 세상을 떠날 때까지 쓸 수 있는 고정적인 생활비를 확보하는 것이 훨씬 중요하다. 재테크를 통한 목돈 마련은 차후 문제다.

많은 사람들이 선진국이라고 하면 부자가 많은 나라일 거라고 생각하는데 그렇지 않다. 부자가 많은 것보다 대부분의 국민들이 세상을 떠날 때까지 공적·사적 연금으로 최저 생활비를 보장받을 수 있는 나라야말로 진정한 선진국이다. 우리나라도 결국엔 노후의 최저 생활비를 자녀에게 의존하던 사회에서 연금에 의존하는 사회로 바뀌어가게 될 것이다.

2013년 2월 서울시가 15세 이상의 시민을 대상으로 부모의 노후를 누가 책임질 것인지에 대해 조사한 결과, '가족과 정부·사회가 공동으로 책임져야 한다'는 응답이 2002년 22.3%에서 2012년에는 54.0%로 2배 이상 증가했다. 반면 '노부모 부양은 전적으로 가족 책임'이라는

| 표3 | 연금을 통한 노후대비수준

연금 시스템 (멜버른-머서 글로벌 연금 인덱스)	국민연금 실태조사 (보건복지부)
• 100점 만점 중 주요국 평균(61점)보다 낮은 45점 • 18개 조사 대상국 중 16위	• 2011년 기준 국민연금 가입자의 월 평균 연금수급예상액 : 62만 원 • 가구주가 생각하는 월 평균 적정 노후 생활비 : 180만 원 • 가구주가 생각하는 월 평균 최저 노후 생활비 : 117만 원 • 국민연금 가입자의 다른 연금 가입비율 : 개인연금 32%, 퇴직연금 9%

출처 : 미래에셋은퇴연구소

답변은 64.8%에서 28.7%로 크게 감소했다.

그럼에도 우리나라 가정의 연금 가입률은 턱없이 낮은 수준이다. 2011년 보건복지부에서 조사한 바에 의하면, 국민연금 가입자의 예상 월 평균 연금수급예상액은 62만 원 정도로 월 적정 생활비 180만 원의 1/3, 최저 생활비 118만 원의 절반 정도에 지나지 않는다. 나머지는 퇴직연금과 개인연금으로 충당해야 하는데, 퇴직연금 가입률은 9%, 개인연금 가입률은 18%에 지나지 않는다(표3 참조). 연금컨설팅 기관인 '멜버른머서'가 발표한 주요 국가의 연금 충실도를 보면, 우리나라는 18개 조사대상국 중에서 16위를 기록하고 있다.

노후 대비의 기본, 국민연금

●

국민연금, 퇴직연금, 개인연금을 가리켜 '3층(노후) 보장 체계' 혹은 '3층 연금 체계'라고 한다. 3층 연금 시스템을 제대로 이해하기 위해서는 우선 1층(국민연금)과 2층(퇴직연금)의 역할 및 대상을 이해하는 것이 중요하다.

국민연금은 3층 노후 보장 시스템의 기본으로, 전 국민을 대상으로 한다. 1층의 원래 목적은 국민의 생활 안정을 위해 최저 생계비를 보장해주는 것이다. 국가가 제공하는 보장 서비스이기 때문에, 기본적으로 세금을 걷어 고령자에게 분배하는 것이 본래의 취지에 가깝다고 할 수 있다.

그런데 우리나라의 국민연금은 '보험의 원리'를 도입해 소득에 따라 보험료와 연금액이 달라지는 소득비례를 부분적으로 섞어놓았다. 그러다 보니 많은 이들이 국민연금을 낼 때 마치 내지 않아도 될 돈을 억지로 내는 것처럼 생각하거나, 지금 쌓인 돈이 고갈되면 더 이상 연금을 받지 못할 거라고 오해하는 것이다.

분명히 말하지만 국민연금은 세금의 성격을 띠고 있다. 그래서 소득 수준이 낮은 사람도 낸 보험료에 비해 많은 연금을 받을 수 있다(현재는 고소득자도 납부한 보험료의 2배 가까운 돈을 평생 동안 받을 수 있도록 설계되어 있다). 만일 쌓아놓은 연금기금이 고갈된다면, 그때부터는 매년 필요한 연금액을 세금으로 걷어 지급하는 부과 방식으로 전환될 가능성이 높다.

간혹 언론에 '국민연금, 받고 보니 얼마 안 되네'라는 논조의 기사가 실리곤 한다. 국민연금을 받아보니 퇴직 전 월급의 1/4도 안 된다는 내용이다. 이는 국민연금의 취지를 제대로 이해하지 못했기 때문에 나온 얘기다. 국민연금의 역할은 최소한의 생계를 유지할 수 있도록 돕는 것이지, 풍요로운 생활수준을 보장해주는 것이 아닌데 말이다.

너무 많은 연금을 지급하다가는 결국 국가 재정에 부담이 오고, 그 부담은 국민들에게 고스란히 돌아갈 수 있음을 염두에 두어야 한다. 실제 칠레의 경우 정부가 공적 연금의 재정 부담을 감당하지 못하고 국민연금을 민간에 위탁하는 연금 개혁을 실시한 바 있다.

한편 새 정부의 기초노령연금 인상정책으로 연금이 새로운 국면으로 치닫고 있다. 연금을 더 받으려고 자산을 분산시키는 이들이 있는가 하면, 국민연금 임의 가입자들의 탈퇴가 잇따르고 있는 것이다.

정부는 2014년 7월부터 소득 하위 70%인 노인에게 국민연금이 있으면 기초노령연금을 14만~20만 원, 국민연금이 없으면 20만 원의 기초노령연금을 지급하겠다는 방안을 발표했다. 이대로라면 임의 가입해 보험료를 꼬박꼬박 낸 사람과 그렇지 않은 사람의 차이가 거의 없는 셈이다. 국민연금에 가입하지 않고 기초노령연금 20만 원만 받는 게 낫다는 생각에, 국민연금 임의 가입자들이 탈퇴한 것도 이 때문이다. 2013년 2월에만 전업주부 등의 국민연금 임의 가입자 7,223명이 탈퇴해 우려했던 국민연금 탈퇴 러시가 현실로 드러나기도 했다.

거듭 말하지만 국민연금은 일정 기간 자신이 낸 만큼 받는 사회보험의 성격을 띠고 있다. 반면 기초노령연금은 소득이 낮은 이들에게 더 많은 혜택을 줘야 하는 공적기금에 해당된다. 성격이 다른 두 연금을 합치니 형평성 문제가 제기될 수밖에 없는 것이다.

이제껏 국민연금에 대한 논란은 많았지만, 국민연금만큼 안정적인 금융상품은 없다고 봐도 좋을 것이다. 다만 성실히 납부해온 국민연금 가입자들이 오히려 손해 보는 일이 없도록, 기초노령연금 산정기준을 신중히 검토해 국민연금과 명확히 구분해야 한다.

소득 공백기, 어떻게 대비할까?

우리나라 대부분의 민간기업은 정년을 55세로 정하고 있다. 그런데 속을 들여다보면, 그 정년도 채우지 못하고 50세 전후로 조기 퇴직하는 직장인들이 많다. 실제 2012년 서울시의 발표 자료에 따르면, 서울 시민의 평균 퇴직 연령은 52.6세라고 한다.

그러나 현실은 냉혹하기만 하다. 퇴직은 빨라지는 반면, 60세로 되어 있는 국민연금의 수급연령은 늦춰질 예정이니 말이다. 2033년부터는 65세가 되어야 국민연금을 수령할 수 있다고 하니, 대략 55세부터 65세까지 약 10년의 소득 공백이 발생하는 셈이다. 자녀의 결혼비용이나 대학 등록금 등 엄청난 지출이 예상되는 시기에 소득이 없다니, '소득 빙하기'라는 말이 절로 나올 만큼 심각해지지 않을 수 없다. 따라서 퇴직 후 국민연금을 수령할 때까지의 소득 공백기를 어떻게 보낼 것인지, 현역 시절부터 미리미리 계획을 세워야 한다. 이 준비를 어떻게 하느냐에 따라 후반 인생이 좌우된다 해도 과언이 아니다.

무엇보다 위험한 것은, 아무런 준비도 하지 못한 채 조급증만 부리다 성급한 선택을 하는 경우다. 이렇다 할 경험도 없이 잘 알지도 못하는 사업을 시작했다가 실패라도 하는 날이면, 하루아침에 빈곤층으로 전락하는 건 시간문제다. 재취업에 힘쓰되, 국민연금을 수령할 수 있을 때까지의 소득 공백기를 일정 부분 메워줄 수 있는 '징검다리 소득원'이 반드시 필요하다.

소득 공백기를 메워줄 금융상품으로 가장 먼저 생각해볼 수 있는 것은 연금저축이다. 연금저축은 만 18세 이상 거주자가 가입할 수 있는 상품으로 최소 적립기간은 5년이다. 최소 적립기간 만료 후 만 55세 이후부터 10년 이상 연금으로 받을 수 있다. 또한 연금저축은 세액공제 혜택을 받는다는 점에서도 유리하다. 2014년부터 연금저축에서 연간 400만 원 한도 내에서 납입액 전부를 공제받는 것과 별도로 퇴직연금의 추가 납입분 300만 원에 대해서도 세액공제받을 수 있게 되었다. 자영업자와 직장인들은 연말정산 시 세액공제 혜택을 누리는 것은 물론, 실질적으로 연금을 받을 때까지 세금을 내지 않기 때문에, 세금이 이연되는 일석이조의 효과를 누릴 수 있다.

연금저축에는 보험사에서 운용하는 연금저축보험, 은행에서 운용하는 연금저축신탁, 자산운용사에서 운용하는 연금저축펀드가 있다. 연금저축보험은 원리금이 보장되는 저축상품이고, 연금저축신탁은 투자상품이긴 하지만 채권에 보수적으로 운용하기 때문에 원금 손실 위험이 낮다.

그러나 연금저축펀드는 주식이나 채권과 같은 투자상품으로 운용하기 때문에 원금 손실 위험이 따른다. 따라서 펀드에 적립식 투자를 할 때와 마찬가지로, 실력 있는 운용사가 운용하는 펀드를 골라 장기투자를 해야 한다. 어느 정도 목돈을 마련해둔 직장인이라면, 즉시연금이나 월지급식펀드를 활용할 수도 있다.

연금저축펀드의 경우 중도에 해지하면 손해가 크기에 어쨌든 만기까지 납입해야 한다는 각오가 필요하다. 중도에 해지하거나 연금이 아닌 일시불로 받을 경우, 기타 소득으로 세금이 부과되어 투자 원금 중 소득공제를 받은 부분과 수익을 합친 금액의 22%를 세금으로 내야 한다. 따라서 자금의 여유가 없어서 매달 납입해야 하는 금액이 부담스럽다면, 납입을 잠시 중단하거나 금액을 최소한으로 줄이는 것도 좋은 방법이다. 연금저축펀드는 원하는 때만 납입하는 자유납입 방식이기 때문이다.

직장인의 든든한 노후, 퇴직연금

직장에서 가입하는 퇴직연금도 55세 이후 연금으로 수령할 수 있기에 징검다리 소득원으로 적합한 상품이다. 퇴직연금 또한 개인연금과 마찬가지로, 추가 납입하는 금액에 대해서는 소득공제를 받을 수 있는 이점이 있다.

2012년말 기준 퇴직연금에 가입한 근로자는 총 가입 대상자의 46%에 해당하는 438만 명으로, 절반에 조금 못 미치는 수준이다. 퇴직연금 가입률은 도입한 지 이듬해인 2006년 2.5%에서 2007년 5.8%, 2008년 10.4%, 2009년 15.8%, 2010년 25.1%, 2011년 34.5%로 꾸준히 증가하고 있다. 2명 중 1명꼴이니 완전히 자리를 잡은 건 아니지만, 초반보다는 빠른 속도로 가입자가 늘어나고 있음을 알 수 있다. 퇴직연금의 가입액 역시 67조 3,000억 원으로, 전년 대비 17조 4,000억 원 증가한 것으로 나타났다. 아직 선진국에 비하면 미흡한 실적이긴 하지만, 금액이나 가입률의 증가는 높이 평가할 만하다. 이 정도까지 성장한 데는 퇴직연금이 퇴직금의 연장선상이 아니라 노후소득의 핵심적인 보장 시스템이라는 인식이 근로자, 기업, 관련 기관 모두에게 확산되었기 때문일 것이다. 참고로 제도 유형별로는 DB(확정급여형)에 가입한 근로자가 73.7%로 대부분을 차지했고, DC형(확정기여형)이 17.8%로 뒤를 이었다.

그러나 양적으로는 성장했을지 몰라도 자세히 살펴보면 보완해야 할 점이 한두 가지가 아니다.

사업장 규모별 퇴직연금 도입률을 보면, 500명 이상이 근무하는 사업장의 경우 도입률이 86.5%에 달한다. 300~499명 규모의 사업장은 61.3%, 100~299명 규모의 사업장은 48.9%지만, 100명 미만의 사업장은 아직 낮은 수준이다.

특히 30인 이하 사업장의 경우 도입률이 12%에 불과해서 중소기업 10곳 가운데 9곳은 아직 퇴직연금을 도입하지 않았다는 결론이 나온다. 월급도 꼬박꼬박 주기 버거운 마당에 퇴직연금까지 도입하는 것이 중소기업의 현실을 감안하면 다소 무리일지도 모른다. 이른바 대기업과 중소기업 간의 심각한 양극화인 셈이다.

내게 맞는 퇴직연금 고르기

퇴직연금은 운용방식에 따라 DB(확정급여형)형과 DC(확정기여형)형으로 나뉜다. DB(확정급여형)형은 근로자가 받을 퇴직급여가 확정되어 있다는 점에서, 현재의 퇴직금 제도와 사실상 다르지 않다. 가령 현재의 월평균 급여가 200만 원이고 근속년수가 10년이라면, 현재 시점에서 DB형의 퇴직급여는 2,000만 원(200만 원×10년)이다. DB형은 자신이 받을 퇴직급여가 얼마나 될지 어느 정도 예상이 가능하므로 은퇴 후의 재무설계가 비교적 쉬운 편이다. DB형에서 퇴직급여를 결정짓는 변수는 '급여 인상률'과 '예상 근속기간', 두 가지뿐이다.

DB형을 선택한 근로자는 퇴직급여가 정해져 있으므로, 퇴직자산의 운용이나 관리에 크게 신경 쓸 필요가 없다. DB형은 2014년 현재 적립금의 70% 이상이 사외에 적립되므로, 최악의 경우 회사가 도산한다 해도 퇴직급여의 70%는 받을 수 있다(2016년부터는 80%, 2018년부터는 90%, 2020년 이후에는 100%를 사외에 적립해야 한다). 그러나 이는 기업이 도산할 경우 퇴직급여의 30%는 못 받을 수도 있다는 뜻이므로 단점으로 작용할 수 있다. 또한 DB형은 물가 상승 때문에 나중에 구매력이 떨어질 수 있다. 물론 급여 인상률이 물가 상승률보다 높으면 걱정할 필요가 없겠지만, 물가가 오른 만큼 급여가 오르지 않으면 구매력이 감소하게 된다. 퇴직자산이 급여 인상률만큼 증가했다 해도, 물가가 더 큰 폭으로 올랐다면 과거보다 구매력이 떨어지는 건 당연하다.

반면 DC(확정기여형)형은 기업이 연간 급여 총액의 1/12 이상을 1년에 한 번 이상 근로자의 개인계좌에 입금해주면, 그 금액을 본인이 직접 운용하는 방식이다. 퇴직자산을 개인이 직접 관리하기 때문에 기업이 파산하더라도 퇴직급여를 떼일 염려는 전혀 없다.

운용실적에 따라 퇴직급여가 달라지므로 운용결과가 좋으면 예상보다 많은 돈을 모을 수 있는 것도 장점이다. 근로자가 운용에 대한 모든 책임을 져야 하는 만큼 DB형에 비해 신경 쓸 일은 많지만, 올바른 투자습관을 익힐 수 있는 기회가 되기도 한다. 아울러 DC형은 같은 DC형 퇴직연금제도를 도입한 직장으로 옮길 경우 이전이 가능하기에 연속성을 유지한다는 차원에서도 유리하다.

그러나 운용결과에 따라 퇴직자산이 줄어들 수 있다는 점, 즉 최악의 경우 손실을 볼 가능성도 배제할 수 없다. 따라서 DC형을 택할 때는 퇴직연금을 운용하고 관리해줄 금융기관이 어디인지가 대단히 중요하다.

이 밖에 고려해야 할 선택기준은 자신의 나이와 금융지식, 이직률 등이다. 일반적으로 나이가 많고 금융지식이나 이직률이 낮은 경우에는 DB형이 유리하다. 본인이 신경 쓰지 않아도 현재의 퇴직금과 같은 급여제도가 보장되기 때문이다. 따라서 미처 금융지식을 배울 겨를이 없는, 높은 연령대의 근로자에게는 DB형이 적합하다.

그러나 나이가 많고 금융지식과 이직률이 낮다고 꼭 DB형을 택할 필요는 없다. 나이가 많다 하더라도 포트폴리오를 조정하면, DC형을 택해도 안정적으로 운용할 수 있다. 금융지식이 부족하다 해도 얼마든지 배워나가면 된다. 게다가 우리나라의 평균 근속년수는 5.8년에 불과하다. 이직이 잦은 추세를 감안할 때, DB형보다는 DC형이 퇴직급여의 연속성을 유지하는 데 도움이 되는 것도 사실이다.

  DC형의 경우 DC형 운영기업에서 새로운 DC형 운영기업으로 이직할 때 기존의 적립금을 그대로 이전할 수 있다. 그러나 DB형은 DB형을 선택한 직장으로 옮긴다 해도 적립금을 바로 옮기는 것은 불가능하다. DB형은 근로자 개인계좌가 아닌 회사계좌 하나로 통합 관리되기 때문이다.

퇴직연금, 주도적으로 관리하자

퇴직연금은 말 그대로 퇴직해서 연금처럼 받을 수 있는, 보장성이 강한 제도다. 하지만 지금처럼 금리가 낮을 경우 물가 상승률을 제외하면, 연간 실질 수익률은 1% 이하에 머물 수밖에 없다. 2012년 3분기 55세 이상 퇴직자 2만 8,000여 명 가운데 일시금을 선택한 수급자는 96.8%인 2만 7,000여 명이고, 연금으로 수령한 근로자는 3%에 그쳤다고 한다. 퇴직금을 연금처럼 수령하게 하자는 취지와 달리, 기존의 퇴직금 제도와 크게 달라진 것이 없음을 보여준다.

  전문가들은 30~40대 직장인은 주식 비중을 높여 수익률을 극대화하고, 50대 이상의 은퇴를 앞둔 직장인들은 주식 비중을 줄여서 안전한 곳에 투자하는 전략을 권한다. 실제 연금 선진국들 역시 이러한 운용 방식을 택하고 있다. 퇴직연금은 적어도 10년 넘게 장기로 운용해야 하기 때문에, 국내 주식뿐 아니라 해외 주식이나 채권 등 다양한 자산에 분산투자해야 수익률과 안정성이라는 두 마리 토끼를 잡을 수 있다. 안정적인 운용에 집착하면 결국 원금만 타는 정도에 그치는 셈이다.

하지만 평소 자산을 운용한 경험이 없거나 퇴직금을 위험도가 높은 자산에 투자하는 것에 부정적인 생각을 갖고 있다면, 퇴직연금을 자신이 관리하기가 망설여지는 것은 당연하다. 금융기관 및 금융 당국의 교육이나 제도 개선을 통해, 좀 더 많은 근로자들이 퇴직연금을 주도적으로 관리해 풍요로운 노후를 대비할 수 있기를 기대해본다.

저축과 투자의 '차이'를 이해하라

안정된 노후를 보내려면 부동산에 편중된 자산구조를 벗어나 금융자산과 부동산의 균형을 적절히 유지해야 한다. 수입이 없는 후반 인생에는 총 자산이 얼마인지보다 매달 고정적인 생활비를 확보하는 것이 훨씬 중요하기 때문이다.

하지만 저성장·저금리 시대에는 금융자산을 유지하는 것조차 만만치 않다. 금리는 낮고 물가는 오르는, 즉 저금리·인플레이션 리스크 때문에, 어느 정도 투자상품을 이용하지 않고는 금융자산을 방어할 수 없다. 다만 투자를 할 때는 자신의 형편에 맞게 해야 하며, 적정한 투자원칙을 준수해야 한다.

금융자산은 크게 두 가지로 나뉘는데, 저축상품과 투자상품이 바로 그것이다. 사전을 찾아보면 저축은 '아껴서 모으다'라는 뜻이다. 대표적인 저축상품으로는 은행예금이 있는데, 수익률은 낮더라도 은행이 책임지고 보장해주기 때문에 원금이 사라지는 일은 없다. 반면 투자는 '가능성을 믿고 자금을 넣는다'는 뜻이다. 믿었던 대로 잘되면 큰 수익을 낼 수도 있지만, 잘못되면 큰 손해를 볼 수도 있다. 큰 손해를 보더라도 이 상품을 중개해준 금융기관에서는 책임을 져주지 않는다. 투자결과는 전적으로 투자자 본인의 몫인 것이다.

우리나라의 가계금융자산을 보면 70% 정도가 예금을 중심으로 한 저축상품에 들어가 있다. 그중에서도 50% 가까운 금액이 은행예금이고, 주식이나 채권, 펀드와 같은 투자상품은 30% 정도밖에 되지 않는다.

반면 미국의 가계금융자산은 70~80% 정도가 투자상품에 들어가 있고, 저축상품에는 20~30%밖에 들어가 있지 않다. 특히 예금의 비중은 13%밖에 되지 않는다. 미국 가정에서는 한두 달 내에 쓸 돈만 은행에 예금하고, 한 푼이라도 늘려보고 싶은 돈은 전부 리스크가 따르더라도 은행 금리이상의 수익을 낼 수 있는 투자상품에 넣어두는 것이다.

이런 이야기를 하면 "미국인들의 성향이 원래 그런 것 아닐까?" 하고 반문하는 이들이 있다. 하지만 미국 역시 처음부터 투자상품의 비중이 높은 건 아니었다. 1975년만 해도 미국의 가계금융자산 구성은 예금이 55%를 차지했다. 그러던 것이 1980년대 이후부터 급속하게 투자상품 쪽으로 옮겨간 것이다. 가장 큰 이유는 금리가 급격하게 떨어졌기 때문이다. 1980년대 초까지만 해도 미국의 10년 만기 국채금리는 12% 안팎이었는데, 이것이 1980년대 중반에 3~4%까지 떨어진 것이다. 따라서 각 가정에서는 줄어든 이자수입을 메우기 위해 수익률이 높은 곳을 찾아 해외에 투자를 하거나, 저금리 혜택을 받는 기업의 주식 또는 주식형 펀드에 투자하게 되었다. 물론 당시 미국 기업들이 구조조정을 통해 주주를 중시하는 경영을 하게 되었다는 점, 실력 있는 자산운용회사들이 등장했다는 점, 그리고 투자자에 대한 교육이 활발해졌다는 점도 큰 영향을 미쳤다.

반면 일본의 경우는 좀 다르다. 1년 만기 정기예금금리는 1%도 안 된다. 미국보다 금리가 훨씬 낮은데도 불구하고 예금이 투자상품 쪽으로 이동하지 않고 있다. 물론 1990년대 일본의 금융시장이 매우 불안했던 것도 큰 원인이 되겠지만, 더 큰 이유는 일본의 사회적 풍조라고 할까, 다시 말해 잘못된 투자교육 때문이 아닐까 싶다.

과거 50~60년 동안 일본은 국민들에게 돈이 생기면 무조건 은행이나 우체국의 저축상품에 넣어두고 열심히 일만 하라는 취지의 교육을 시켰다. 심지어 주식투자를 하는 사람을 이상하게 보는 분위기도 있었다. 이것이 지금 일본경제에 큰 걸림돌로 작용하고 있는 것이다. 일본의 한 경제학자는 "50~60년 동안 일본인들에게 투자상품을 멀리하게 한 결과, 이제 일본인에게는 리스크를 받아들이고 이해하는 DNA가 사라졌다. 이것이 일본의 비극이다."라고 한탄하기도 했다.

일본의 가계금융자산이 투자상품 쪽으로 옮겨가지 않는 또 다른 이유는, 대부분의 금융자산을 노인들이 갖고 있기 때문이다. 60세 이상의 고령 세대들이 전체 가계금융자산의 70% 정도를 보유하고 있다는 통계도 있다.

고령 세대들은 보수적이기 때문에 이자가 낮아도 안전한 은행에 넣어놓자고 생각하는 편이다. 그런데 일본인은 웬만하면 90세까지 살기 때문에, 자녀들이 상속을 받을 때는 그들 또한 노인이 된다. 결국 재산을 물려받은 자식들도 금융자산을 안전한 예금에만 넣어놓게 된다.

그런 면에서 본다면 우리의 경우는 몇몇 재벌을 제외하고는 노인세대가 보유한 금융자산이 아직은 별로 많지 않다. 국민성 또한 적극적이다. 무모한 욕심만 부리지 않고 투자교육만 제대로 받는다면, 적극적인 성격이 플러스로 작용할 것이다. 개인자산을 위해서도, 나라를 위해서도, 제대로 된 금융교육을 통해 가계금융자산의 일정부분을 투자상품으로 이전해가는 것은 바람직하다고 볼 수 있다.

저성장·저금리 시대, 어떻게 대처할 것인가

　　　　　퇴직한 이들의 하소연을 들어보면, 모아둔 돈을 야금야금 꺼내 쓸 적마다 피가 바짝 마르는 기분이 든다고 한다. 벌이는 없는데 지출은 줄지 않으니 아무래도 그럴 수밖에 없을 것이다. 씀씀이를 줄이면 되지 않느냐고 생각할 수도 있겠지만, 아껴 쓴다 해도 뜻대로 되지 않는 것이 바로 물가다.

　특히 요즘처럼 하루가 다르게 오르는 살인적인 물가를 보고 있노라면, 대체 얼마가 있어야 생활이 가능할지 불안한 기분마저 든다. 인플레이션, 즉 물가가 오른다는 것은 돈의 가치가 떨어진다는 얘기다. 노후에 대비해 부지런히 모아온 저축이나 연금의 가치가 떨어진다면, 가뜩이나 없는 살림에 얼마나 더 힘들어질까?

고성장·고금리 시대에는 부동산이든 주식이든 채권이든 웬만한 곳에 투자만 해두면 10%대 이상의 수익을 올릴 수 있었지만, 지금과 같은 저성장·저금리 시대에는 현재의 1년 만기 정기예금 금리 수준인 3%대를 넘는 수익을 낸다는 게 말처럼 쉽지 않다. 그래서인지 고수익을 올릴 수 있다는 유혹에 빠져 내용도 모르는 금융상품에 가입했다가 낭패를 보았다는 사례가 늘고 있다. 저성장·저금리 시대의 노후 자산운용을 위해 무엇을 알아야 하는지 다섯 가지로 정리해보았다.

노후 대비 금융상품, 어떻게 고를까

첫째, 앞으로 상당 기간은 저금리 기조가 지속되면서 인플레이션 리스크를 무시할 수 없는 시대가 될 것이다. 1990년대 이후 세계 경제는 '디플레이션'을 걱정해야 할 만큼, 안정된 물가를 유지해왔다. 그래서인지 지금 물가가 눈에 띄게 오르고 있는데도, 많은 이들이 인플레의 해악에 대해 그리 심각하게 느끼지 못하는 것 같다. 그러나 최근 들어 상황은 급격히 변하고 있다.

인플레가 진행된다는 것은 돈의 가치가 떨어진다는 뜻이다. 예를 들어, 연 3%의 인플레율이 25년간 계속된다면 원금 100만 원의 가치는 약 48만 원, 즉 절반도 안 되는 가치로 떨어진다. 원리금이 보장되는 저축상품에 가입해 노후를 대비해왔는데, 돈의 가치가 이런 식으로 줄어든다면 후반 인생이 얼마나 힘들어지겠는가. 공부를 해서 주식, 채권, 펀드, 변액보험, 변액(투자형)연금과 같은 투자상품으로 자산을 운용하지 않으면, 안정적인 노후를 보내기 어려워질 것이다.

그런데 투자상품은 저축상품과 달리 고수익을 낼 수도 있지만, 잘못하면 원금 손실을 볼 수도 있다. 또 손실을 입더라도 그 상품을 판매한 금융기관이 책임을 져주지 않는다. 따라서 노후자금을 투자상품에 넣어 운용하려면, 투자의 원칙과 투자상품의 내용을 꼼꼼히 파악해야 한다. 무엇보다 그 상품을 운용하는 회사가 장기 운용능력을 갖추고 있는지, 실력 있는 운용회사인지를 확인해보고 가입하는 것이 대단히 중요하다.

그뿐 아니다. 가입 후에는 1~2년의 단기 수익률에 일희일비해서도 안 된다. 한때 투자형 연금 가입자들이 단기 수익률이 예금금리보다 낮다는 자료를 보고, 해약 소동을 벌였다는 뉴스가 보도된 적이 있다.

하지만 지금의 수익률이 낮다고 해서 손해를 봤다고 단정 지을 수만은 없는 법. 해약하기 전에 장기 투자상품의 속성을 제대로 이해하고 있는지, 그 상품을 운용하는 회사의 장기 운용능력을 확인해보았는지 등을 점검해야 한다.

둘째, 100% 원금을 보장해주면서 고수익을 낼 수 있는 상품은 존재할 수 없다. 현재 금융시장에는 많은 원금보장형 투자상품들이 출시되어 있다. 예를 들어 주가지수가 2년 내에 40% 이상 하락하지만 않으면 원금이 보장된다는 식의 단서조항이 붙어 있는 상품이다. 그런데 가입자들 중에는 단서조항에 대해서는 주의를 기울이지 않고, 어떤 경우에도 원금이 보장되는 상품으로 오해했다가 낭패를 보는 경우가 많다.

최근 들어 유행하고 있는 월지급식펀드도 마찬가지다. 매월 일정율의 분배금을 받을 수 있다는 점에만 주목하고, 그 펀드에 들어가 있는 주식이나 채권과 같은 투자상품의 가격이 하락하면 원금을 쪼개어 분배금을 주게 되어 있다는 점은 모르는 가입자들이 많다.

이런 점은 이웃나라 일본도 마찬가지다. 월지급식펀드의 규모가 펀드시장의 절반 이상을 차지할 정도로, 고령 세대들이 월지급식펀드에 많이 투자하고 있다. 그런데 최근에 실시한 어느 앙케트 조사결과를 보면, 절반이 넘는 투자자들이 이 펀드가 원금 손실 위험은 없고 은행예금처럼 매월 일정율의 분배금을 지급해주는 상품으로 오해하고 있는 것으로 나타났다. 상품의 내용을 제대로 이해하지 못하고 있는 것이다.

셋째, 저금리 시대에는 절세 상품이 효자라는 사실을 인식해야 하다. 금리 수입이 줄어드는 저금리 시대에는 새나가는 돈을 막는 전략이 더 효과적이기 때문이다. 절세형 금융상품인 비과세 재형저축, 장기적립식 펀드 등도 적극 활용해볼 필요가 있을 것이다.

세제혜택이 따르는 연금상품의 경우, 연금을 받을 때 연금소득세를 납부해야 하는 상품과 소득세가 비과세되는 상품으로 나뉜다는 점을 기억해야 한다. 국민연금, 공무원연금, 퇴직연금 및 연금저축상품은 퇴직 후 연금을 받을 때 소득세를 납부하게 되어 있다. 공적연금 소득은 2014년 이후 선택적 분리과세에서 종합과세로 변경되었다. 그리고 퇴직연금, 연금저축과 같은 사적연금 소득이 연간 1,200만 원 이하인 경우에는 연금 소득세를 내는 것으로 끝나지만, 1,200만 원을 초과할 경우에는 종합과세 대상이 되어 일반 소득세율로 과세가 된다. 대신 이러한 연금상품은 납입할 때 일정 한도의 세제 혜택이 주어진다. 국민연금과 공무원연금은 납입금 전액에 대해서 소득공제 혜택을 받는다. 연금저축 납입분과 퇴직연금 추가 납입분은 합산하여 연 400만 원 까지 세액공제를 받고, 퇴직연금은 추가 납입분에 대해서 연 300만 원까지 별도로 세액공제 혜택을 받는다.

  일반적으로 직장인들은 퇴직 전 소득이 퇴직 후 소득보다 많은 경우가 대부분이다. 따라서 소득이 많은 현역 시절에는 세액공제를 받고, 퇴직 후 소득이 줄었을 때는 소득세를 내는 편이 세금 면에서 유리하다.

  반면 공무원처럼 연금 수령액이 많거나 민간기업 근로자라 하더라도 퇴직 후 임대업 등으로 고소득을 올릴 가능성이 있는 사람들의 경우에는, 다른 연금까지 같이 받게 되면 고율의 소득세를 납부해야 할 수도 있다. 따라서 이러한 사람들의 경우에는 소득세가 비과세되는 상품에 가입하는 것이 현명한 선택일 것이다. 종신수령하는 즉시연금,

10년 이상 유지한 변액연금이나 저축성 보험 등은 연금 소득세와 이자 소득세 모두 비과세된다. 대신 이런 상품들은 가입 시 세액공제 혜택은 주어지지 않는다. 따라서 세액공제로 인한 절세효과와 퇴직 후 내게 될 소득세를 비교해서 자신에게 맞는 금융상품을 골라야 할 것이다.

넷째, 저가형 보장성 보험에 관심을 가질 필요가 있다. 지금과 같은 인생 100세 시대에는 노후에 질병이나 사고를 당하게 되면 그 비용으로 인해 큰 생활고를 겪을 수 있다. 이런 질병이나 사고의 위험에 대비하는 안전장치가 바로 보장성 보험이다.

그런데 종래에는 보장성 보험이라고 하면, 대부분이 질병이나 사고에 따른 비용을 보장하면서 만기에 보험료도 환급받는 상품만을 생각했다. 이런 상품의 경우에는 보장을 위한 위험 보험료와 만기 환급금을 위한 저축 보험료가 전부 포함되어 있기에 보험료 부담이 대부분 큰 편이다. 그러나 최근 들어 경제 사정이 어려워지면서 만기에 보험료는 돌려받지 않아도 질병이나 사고에 필요한 비용만 보장되는, 저가형 보장성 보험이 관심을 모으고 있다. 비싼 보험료 때문에 가입을 미루어왔다면, 비교적 부담이 덜한 보장성 보험에 가입해도 좋을 것이다.

다섯째는 금융상품과 관련해 지불하는 코스트다. 10% 이상의 수익을 올리던 시절에는 1~2% 정도 코스트를 지불하는 것이 별다른 문제가 되지 않았다. 그러나 지금과 같은 저성장·저금리 시대에는 절세와 더불어 금융상품 관련 코스트를 아끼는 전략이 무엇보다 중요하다. 펀드에 가입할 때는 펀드 자체의 판매 수수료나 운용 수수료, 해외 투자인 경우에는 외환 관련 수수료, 보험에 가입할 때는 관련 수수료가 지나치게 비싸지 않은지를 반드시 확인해야 한다. 선진국 투자자들이 금융상품에 가입할 때 수수료가 얼마나 되는지를 가장 먼저 확인하는 데는 다 이유가 있다.

자산관리의
원칙을 지켜라

"한국 부자들의 자산운용 방식은 상당히 공격적입니다. 한꺼번에 큰 수익을 노리는 투기적인 투자자도 적지 않습니다. 2008년 금융 위기 당시 한국의 부자들이 중국, 인도, 러시아 등 신흥국 시장의 주식펀드에 투자해 큰 손실을 본 것도 투자방식이 지나치게 공격적이었기 때문입니다. 반면 일본 부자의 자산운용 방식은 방어적입니다. 손해를 안 보는 데 중점을 두기 때문에, 1년 만기 정기예금 금리가 0.15% 수준인데도 대부분의 자금을 예금에 넣어놓고 있습니다. 일본의 부자들 중에서 신흥국 시장 펀드에 투자한 사람은 찾아보기 힘들 정도입니다."

어느 재일 한국인 경제 전문가가 한국과 일본의 부자를 비교하는 강연에서 발표한 내용이다. 물론 한일 양국의 몇몇 부자를 대상으로 어떤 내용의 조사를 해서 내린 결론인지, 한국 부자들의 자산운용 방식을 한마디로 공격적이라고 단정할 수 있는 것인지 의문스럽긴 하다.

또한 일본 부자들의 지나치게 방어적인 자산운용 방식이 과연 바람직한 것인지에 대해서도 생각해볼 필요가 있다. 많은 전문가들이 일본 가계금융자산의 절반 이상이 제로 금리에 가까운 예금에 들어가 있는 것을 큰 문제점으로 지적하고 있다. 투자교육을 강화해 리스크가 따르더라도 보다 많은 금융자산이 고수익을 기대할 수 있는 투자상품으로 옮겨가도록 해야 한다는 게 그들의 주장이다.

따라서 일본 부자들의 지나치게 안전 지향적인 자산운용과 비교해 한국 부자들의 공격적인 자산운용을 바람직하지 않다고 단정할 수는 없다. 오히려 공격적인 자산운용이 가계자산의 효율적인 운용은 물론 국민경제의 활성화에 기여할 수도 있다.

다만 공격적인 운영을 하되 그에 맞는 리스크 관리를 제대로 하고 있는지, 공격적인 투자에서 성공하기 위해서는 장기 분산투자를 해야 한다는 원칙을 고수하고 있는지에 대해서는 냉정하게 반성해봐야 한다.

개인적으로 10년 넘게 투자교육을 해오면서 '투자는 투자대상을 분산시켜서 장기로 해야 한다'는 이야기를 강조해왔지만, 아직도 이런 말을 하면 시큰둥한 반응을 보이는 분들이 적지 않다. 주가는 오를 것인지 떨어질 것인지, 어떤 종목을 사야 하는지를 알고 싶어서 왔는데 웬 공자님 말씀 같은 이야기만 한다는 표정을 지을 때도 있다. 그러나 이제껏 일어났던 쏠림 투자, 무목적 충동투자의 결과가 어떠했는지를 되돌아보면 분산투자의 중요성을 실감할 수 있을 것이다.

2008년 세계금융위기 직전까지 사람들은 중국 펀드나 브라질, 러시아, 인도 등에 투자하는, 이른바 BRICs 펀드만 찾았다. 그런데 금융위기 이후에는 반대로 이런 펀드는 거들떠보지도 않았다. 국내 주식형 상품, 특히 특정 종목에 집중 투자하는 자문형 랩 등으로 자금이 쏠렸다. 그런데 유럽 재정위기가 닥치면서 자문형 랩의 수익률은 급격히 하락했다. 투자자들은 공황 상태에 빠졌고, 마땅한 새 투자처를 찾지 못하면서 결국 은행예금 위주의 보수적인 투자로 돌아갔다. 원금 보장 성향이 있는 주가연계증권(ELS) 등 구조화 상품에 자금이 몰렸는데, 이 또한 많은 문제점을 노출했다.

이처럼 지난 경험을 봐도 그렇지만, 이론적으로 생각해도 분산투자를 해야 하는 이유는 뚜렷하다. 예를 들어 투자자금을 어느 한 회사의 주식에만 투자했다가 운 나쁘게 그 회사가 도산하면 보유한 주식의 가치는 제로가 된다. 투자자금을 하루아침에 날릴 수 있는 것이다.

그러나 2개 회사의 주식에 나누어 투자했다면 어떻게 될까? 두 회사 모두 도산할 가능성은 한 회사가 도산할 확률보다는 확실히 낮다. 두 회사가 전혀 다른 업계에 속해 있으면 동시에 도산할 가능성은 더욱 낮아진다. 이와 마찬가지 원리로, 투자대상을 한 종류의 상품에 집중하기보다는 성격이 서로 다른 상품에 분산해야 투자 위험을 줄일 수 있다.

다행스럽게 최근 들어 많은 투자자들이 단기 차익을 추구하기보다 투자 목적을 은퇴자금에 두고 자산을 다양하게 배분할 뿐 아니라, 자신의 인생계획에 따라 투자기간을 따지는 식으로 자산을 배분하는 움직임을 보이고 있다. 쏠림 대신 '분산'을 택해야 하는 이유를 깨닫게 된 결과일 것이다.

한편 기대 수익률이 지나치게 높은 것도 문제다. 한국 투자자들은 투자라고 하면 매년 수십 퍼센트씩 수익을 내야 한다고 생각하는 경향이 있다. 그러나 몇 년에 한 번 정도면 모르지만, 장기간 계속해서 그 정도 투자 수익률을 낸다는 것은 불가능하다고 봐도 좋다. 대부분의 선진국 투자자들이 정기예금 금리 플러스 알파 정도를 장기 기대 수익률로 간주하는 이유가 무엇인지를 곰곰이 생각해봐야 할 것이다.

자산운용, 인적자산을 고려하라

자산을 운용할 때 염두에 두어야 할 원칙이 하나 더 있다. 자신이라고 하는 인적자산을 고려해야 한다는 것이다. 노후자금을 만든다고 무작정 투자나 저축을 하기보다 자신의 인적자산을 파악한 후에 저축이나 투자를 해야 좋은 결과를 얻을 수 있다는 뜻이다. 즉 인적자산의 특징에 걸맞은 자산관리법이 필요한 셈인데, 몇 가지 원칙을 언급하고자 한다.

인적자산의 특성에 가장 큰 영향을 미치는 것은 '나이'다. 가령 20대 직장인이라면 당장 연봉은 많지 않더라도, 앞으로 오랜 기간 동안 근로소득을 창출하는 가장 안전한 인적자산을 보유하고 있다고 볼 수 있다. 금융자산으로 치자면 예금이나 채권과 같은 안전 자산을 많이 보유하고 있는 것과 마찬가지다. 따라서 금융자산을 배분할 때 주식과 같은 리스크 자산의 비중을 높일 수 있다. 즉 '자기 자신'이라는 안전 자산과 위험도가 높은 금융자산을 조합해, 전체적으로 균형 잡힌 자산 배분을 하는 것이다.

반면 50대 직장인의 경우는 인적자산으로 수입을 얻을 수 있는 기간이 그다지 길지 않다. 언제 갑자기 구조조정 대상이 될지도 모른다. 근로소득 창출이라는 의미에서 보자면, 자산 가치는 매우 적고 불안정성은 높은 것이다. 따라서 이들 세대는 젊은 세대에 비해 안전한 금융자산의 비중을 높여야 한다.

연령 다음으로 인적자산의 특성에 큰 영향을 미치는 요소는 직업이다. 예를 들어 공무원의 경우에는 수입의 크기나 근무 기간이 어느 정도 안정돼 있다. 금융자산으로 치면 예금이나 채권과 같은 안전도가 높은 인적자산을 보유하고 있다고 볼 수 있다. 따라서 인적자산의 보조격인 금융자산은 리스크 자산을 중심으로 보유해야만 종합적으로 균형 잡힌 자산 배분이 된다.

반면 증권사 직원 같은 경우에는 수입이 상대적으로 시장 동향에 좌우되기 쉽다. 근무 기간의 안전도도 낮은 편이다. 이런 업계에 종사하는 직장인은 상대적으로 안전도가 높은 상품을 중심으로 금융자산을 보유해야 전체적으로 균형을 이룰 수 있다. 다시 말하자면 공무원이 증권사 직원보다 주식을 더 많이 보유해야 하는 셈이다. 얼핏 이상하게 들릴 수도 있겠지만, 이것이야말로 분산투자의 기본적인 원리다.

또한 정년 후에 생활비 정도의 연금을 받을 수 있는 사람은 어느 정도 리스크 자산을 보유해도 좋지만, 퇴직금을 일시불로 받을 경우에는 리스크 자산의 비중을 최소한으로 줄여야 한다. 여기서 한 가지 마음에 새겨야 할 것은, 인적자산은 꾸준한 자기계발을 통해 얼마든지 그 가치를 높일 수 있다는 점이다. 지나치게 재테크에 시간을 쏟는 것보다, 인적자산의 가치를 높이기 위한 노력이 훨씬 더 중요하다.

연령대별 노후 대비 자산관리

20~30대 : 3층 연금 가입과 인적자본 투자를 최우선하라

직장생활을 시작하면서 가장 먼저 할 일은 3층 연금(국민연금, 퇴직연금, 개인연금)에 가입하는 것이다. 인생 100세 시대에는 세상을 떠날 때까지의 최저 생활비를 3층 연금으로 확보해야 한다. 연금은 일단 가입만 하면 자동불입이 되기 때문에 가입 후 특별히 신경 쓸 필요가 없다. 가장 중요한 것은 자신의 몸값을 높이는 인적자본 투자임을 잊지 말자.

40대 : 건강관리에 신경 쓰고 자녀 교육비를 줄여라

미국과 일본에서 퇴직 후 생활비를 조사한 결과에 의하면, 퇴직자의 30~40%가 퇴직 후에도 생활비가 줄지 않는다고 한다. 가장 큰 이유는 의료비와 간병비다. 의료비는 다른 생활비와 속성이 달라서 필요한 시기를 예측할 수도 없거니와 단기간에 막대한 비용이 들어갈 수 있다. 따라서 일반 생활비와 달리, 일이 생겼을 때 지급하는 '보험'으로 대응해야 한다.
자녀 교육비에 대한 노력도 건강 못지않게 중요하다. 부부가 자녀교육에 대해 올바른 소신을 갖는다면, 교육비를 줄여 노후 대비를 할 수 있을 뿐 아니라, 자녀교육도 정상화할 수 있다.

50대 : 가계부채를 줄이고 퇴직 후에도 할 수 있는 일을 준비하라

50대는 다른 연령대에 비해 자산도 많지만 부채도 가장 많은 시기다. 부채를 줄이지 못하고 퇴직했는데 별다른 소득이 없다면 얼마나 괴롭겠는가. 노후 자산관리의 시작은 가계의 구조조정이다. 그다음은 퇴직 후에도 할 수 있는 일의 준비다. 가장 확실한 노후 대비는 '평생 현역'임을 잊지 말자.

60대 : 입구관리보다 출구관리에 힘써라

60대 이후는 특별한 경우가 아니면 재산 증식을 기대하기 어렵다. 재산을 늘리려고 노력하기보다 현역 시절에 모아둔 재산에 맞추어 살아가려는 노력이 중요하다. 체면을 버리고 허드렛일이라도 해서 생활비를 벌겠다는 각오도 요구된다.

금융자산은
3개의 주머니로 나눠라

앞에서도 잠시 언급했지만, 개인 투자자가 금융자산운용에 성공하려면 두 가지 원칙을 반드시 지켜야 한다. 첫째는 자산을 하나의 금융상품에 집중시켜서는 안 된다는 것, 즉 '분산투자의 원칙'이다. 둘째는 투자상품을 단기간에 샀다 팔았다 해서는 안 된다는 것. 다시 말해 차분하게 물을 데워간다는 생각으로 꾸준히 보유해야 한다. '장기계속투자의 원칙'이다. 어려운 투자론 서적을 읽거나 재테크 강의를 듣는 것보다, 이 두 가지 원칙을 고수하는 게 훨씬 중요하다.

나는 이 원칙들을 구체적으로 실천하는 방법으로 투자자들에게 '3개의 주머니'를 제시하곤 한다. 보유한 금융자산의 규모와 관계없이 3개의 주머니, 즉 저축 주머니와 트레이딩 주머니, 자산형성 주머니에 나누어 자산을 관리하라는 것이다.

첫 번째 주머니는 저축 주머니인데, 이것은 누구나 반드시 갖고 있어야 한다. 몇 개월 내에 써야 할 생활비, 자녀 학자금, 그리고 예기치 않은 사태를 위한 비상금 등을 여기에 넣어 관리한다. 그런 의미에서 생계용 주머니라고도 할 수 있다. 이런 자금은 필요하면 언제든지 꺼내 써야 하기 때문에, 인출이 편리한 은행예금이나 CMA Cash Management Account(당일로 환매가 가능한 단기금융상품)와 같은 저축상품에 넣어두어야 한다. 그런 의미에서 저축 주머니인 것이다. 수십 년 동안 증권업계에 종사하면서 이 저축 주머니에 넣어야 할 자금을 위험도가 높은 주식에 투자했다가 엄청난 손해를 입은 이들을 종종 보아왔다.

두 번째 주머니인 트레이딩 주머니는 좀 노골적으로 표현하자면, 투기 주머니 또는 대박 주머니라 할 수 있다. 트레이딩이란 주식, 채권, 선물, 옵션 등의 개별 종목을 단기간에 사고팔아 수익을 낸다는 뜻이다. 트레이딩 주머니는 여기에 쓸 돈을 넣어두는 주머니인 것이다. 물론 트레이딩도 투자의 한 종류임에는 틀림없다. 다만 투자는 위험을 관리하면서 자산을 안전하게 운용한다는 의미를 갖는 반면, 트레이딩은 위험을 각오하고 단기간에 승부를 건다고 봐야 한다. 그렇다고 투자는 좋은 것이고 투기에 가까운 트레이딩은 나쁘다는 얘기는 아니다. 실제 어떤 투자종목이나 시황을 열심히 분석해 단기 투자에 성공하는 사람도 많이 있다. 특히 요즘은 인터넷으로 주식 트레이딩을 하는 투자자들도 늘어나고 있다. 미국에서는 60~70세의 노인들이 퇴직 후 머리회전이 둔해지는 것을 막기 위해 인터넷 트레이딩을 많이 한다고 한다.

다만 트레이딩에 임하는 자세가 문제다. 트레이딩의 성공은 실력보다는 운에 좌우되는 측면이 훨씬 크기 때문에, 매번 성공하기가 불가능하다는 것을 인정해야 한다. 위험이 큰 만큼 기대할 수 있는 수익도 큰 반면, 큰 손해를 보는 경우도 생각해야 한다. 운이 좋아서 수익을 많이 냈을 때는, 그 돈으로 부부가 같이 여행을 할 수도 있다.

가령 북핵사태처럼 예기치 않은 상황을 만나 큰 손해를 보는 경우에도 "그냥 오락한 셈 치지 뭐." 하고 체념할 수 있어야 하며, 노후 생활에 타격을 줄 정도의 비중을 차지해서는 안 된다. 미국 가정의 경우, 보유 금융자산의 20% 이상은 절대 트레이딩 주머니에 넣지 않는다고 한다. 모든 사람이 트레이딩 주머니를 반드시 갖고 있어야 할 필요도 없다.

3개의 주머니 중 가장 중요한 주머니는 자산형성 주머니다. 자신의 꿈을 실현하기 위한 자금을 비롯해 자녀들의 교육자금, 노후생활 자금 등을 마련하기 위한 주머니이기 때문이다. 특히 지금과 같은 저금리, 고령화 시대에는, 젊은 시절부터 이 주머니를 어떻게 관리하느냐에 따라 노후의 생활수준이 결정된다고도 볼 수 있다. 자산형성 주머니를 운용하는 전략은 '투자대상의 분산'과 '장기계속투자'를 기본으로 해야 한다. 일반 투자자의 경우에는 주식·채권 등의 개별 종목에 직접 투자하기보다, 전문가가 운용해주는 펀드투자가 바람직하다. 미국의 경우에는 전 세대의 절반 이상이 펀드를 이용해 노후 대비용 자산형성 주머니를 운용한다고 한다.

　이제 우리 가정에서도 저축 주머니와 트레이딩 주머니만을 드나드는 '모' 아니면 '도' 식의 자산운용에서 벗어나 '자산형성 주머니'를 이용한 장기분산투자 방식이 하루속히 정착되어야 할 것이다.

자산형성 주머니는
펀드투자로

앞에서 말한 것처럼 자산형성 주머니를 주식이나 채권 개별종목에 운용할 경우 장기분산투자를 해야 하는데, 본업을 가진 일반 개인 투자자들에게는 이러한 방법이 말처럼 쉽지 않다. 우리 경제가 글로벌 화되면서 주가형성 요인이 너무 복잡해졌을 뿐 아니라, 마음 약한 일반 투자자들이 급변하는 시황에 대응해 사고파는 결단을 내리기도 어렵기 때문이다. 앞서 언급했듯이 투자 선진국인 미국에서, 대부분의 가정이 펀드로 자산형성 주머니를 운용하고 있는 것은 바로 그런 이유 때문이다.

자산 운용사의 펀드 매니저들은 끊임없이 보유 종목을 점검하고 유망 종목을 발굴해 운용성적을 올리기 위해 노력한다. 따라서 펀드투자자들은 개별종목을 고르기 위해 별도로 고민할 필요가 없다.

펀드가 좋은 또 하나의 이유는 소액의 자금만으로도 고가주에 투자할 수 있다는 점이다. 가령 한 주에 100만 원이 넘는 삼성전자도 펀드를 통해 10,000원 이하의 단위로 투자할 수 있다. 또한 일반인으로서는 조사 분석이 불가능한 해외의 주식이나 채권에도 투자가 가능하다. 개인 투자자라면 자신의 직업에 충실하기 위해서라도 펀드투자를 권하고 싶다.

개인 투자자의 가장 유력한 수입원은, 뭐니뭐니해도 자신이 하는 일에서 벌어들이는 수입이다. 즉 한 사람의 인생에서 가장 큰 '투자엔진'은 자신의 직업이라는 얘기다. 따라서 개인 투자자는 투자 포트폴리오를 짤 때 자신의 본업에서 얻는 수입을 가장 중심에 놓고 생각해야 한다. 샐러리맨의 경우 근무하는 직장으로부터 매월 일정액의 급여와 6개월 혹은 1년에 한 번씩 보너스를 받는다. 다시 말해 회사에서 하는 일은 그만큼의 수입을 발생시키는 금융자산이라고 할 수 있다.

따라서 포트폴리오에서 얻는 수입return을 극대화하려면, 자기가 맡은 일에서 성공하는 것이 무엇보다 중요하다. 자신의 직업으로부터 얻는 소득을 높이려는 노력을 등한시하면서 주식투자에만 열중한다면 자산증식에 결코 성공할 수 없다. 주식투자에 지나치게 몰두하다 자칫 가장 수익성이 높은 자산을 썩히는 결과를 초래할 수도 있다. 따라서 투자는 투자 전문가에게 맡기고 투자자는 가장 큰 투자엔진인 자신의 일에 전념해야 한다.

펀드투자, 하려면 제대로 하라

펀드가 이렇게 유리한 투자방식임에도, 오늘날 많은 투자자들에게 좋은 점수를 받지 못하는 이유가 무엇일까? 좋은 점수를 받지 못하는 정도가 아니라, 펀드라는 말만 들어도 질려 할 정도로 외면을 받고 있다. 현실이 이러한 데는 여러 가지 이유가 있겠지만, 가장 큰 이유는 투자자들이 운용방법을 잘 모르기 때문일 것이다. 결코 펀드라는 방법 자체가 나쁜 것이 아니다. 적립식 투자나 우량펀드 선정 등 자신의 상황에 맞춰 잘만 투자하면 적정한 수익을 올릴 수 있는 것이 펀드다. 90년 가까운 펀드의 역사가 이를 입증하지 않는가.

투자자뿐 아니라 자산 운용사나 판매사에도 책임이 있다. 우선 많은 투자자들이 확실한 투자 목표를 세워 펀드에 장기분산투자를 하기보다, 2~3개월 후의 시황 전망을 보면서 단기 매입, 해약을 일삼아왔다. 쉽게 말하자면 주가가 꼭지에 올랐을 때, 시황이 과열되었을 때 샀다가 몇 개월 기다리지도 못하고 조금이라도 손해가 나면 해약해버리는 것이다. 자산 운용사나 판매사 또한 일반 투자자들에게 장기분산투자를 인식시키기 위해 노력하기보다, 이러한 투자자들에게 영합해 특별한 운용철학도 없이 단기 운용을 계속해왔다. 그러니 좋은 운용성적이 나올 리 없다.

지금껏 펀드투자를 했다가 실패한 사례를 보면, 주가가 오른다는 말만 듣고 주식형 펀드에 가입하고, 또 주가가 떨어질 거라는 소문을 들고 서둘러 해약해버리는 이들이 대부분이었다. 특히 증권사나 은행이 펀드 판매 캠페인을 벌일 때 가입했다가 손해를 보았다는 투자자들을 수없이 봐왔다. 불행하게도 은행이나 증권사가 캠페인을 할 때는 주식시장이 상승세의 막바지인 경우가 대부분인데 말이다.

투자 선진국들을 살펴보면, 개인 투자자들이 단기 시황 전망만을 근거로 펀드투자에 성공한 사례는 많지 않다. 특별한 경우를 제외하고는 시황 전망과 상관없이, 포트폴리오 방식이나 적립식 투자를 하고 있기 때문이다.

우리 투자시장도 급속하게 질적인 개선을 보이고 있다. 우선 투자자들에게 '장기분산투자'가 확산되기 시작했다. 적립식 펀드투자가 크게 붐을 이루고 있는 것도 그중 하나라 할 것이다. 해외 유력 운용사들이 국내에 진출하면서 국내 자산 운용사, 판매사들도 변하기 시작했다. 미국처럼 노후 대비 자산형성 주머니를 펀드로 운용할 수 있는 시대에 접어든 셈이다.

형편에 맞는 포트폴리오 짜기

●

그렇다면 투자자들은 수많은 펀드 중에서 어떤 펀드를 골라 언제 투자해야 할까? 그 해답은 역시 분산투자다. 펀드도 주식이나 채권 개별종목 투자처럼, 자신의 형편에 맞는 포트폴리오를 짜야 한다. 주가가 오를 것 같으니 주식형 펀드를 사고, 주가가 떨어질 것 같으니 팔아버리는 식의 투자가 아니라, 자신의 '생애설계'에 맞는 펀드 포트폴리오를 짠 후 이를 재조정, 재분배하는 투자방법을 택해야 한다.

포트폴리오란 원래 이태리어로 서류를 끼우는 '폴더'라는 뜻인데, 이것이 금융시장에 도입되면서 '자신이 보유한 유가증권 일람표'라는 뜻으로 변했다. 즉 포트폴리오는 각종 투자상품을 넣어두는 일종의 그릇이라고 보면 된다.

가령 어떤 투자자가 1억 원 상당의 주식자금을 주식형 펀드에 50%, 채권형 펀드에 40%, 은행예금과 비슷한 성격의 CMA에 10%를 넣었다고 치자. 이 투자자는 3개의 펀드에 분산투자를 했다고 말하기도 하고, 3개의 펀드를 5:4:1의 비율로 포트폴리오를 짰다고 말할 수 있다.

그렇다면 포트폴리오는 어떻게 짜야 할까? 투자자의 형편, 즉 나이, 재산상태, 가족상황, 자신의 상황을 고려해 짜는 것이 가장 이상적이다.

여러 가지 요인을 모두 고려하는 게 번거롭다면 나이 하나만을 고려해서 짜도 된다. 예를 들어 나이를 고려할 경우 젊을 때는 공격적인 포트폴리오를, 나이가 많아지면 안정적인 포트폴리오를 짜는 것이 바람직하다. 젊어서는 손실을 입더라도 회복할 시간이 있지만, 나이가 들어서는 좀처럼 그럴 기회가 없기 때문이다. 재산이 많은 투자자는 공격적인 포트폴리오를, 그렇지 못한 투자자는 안정적인 포트폴리오를 짜야 하는 것도 마찬가지의 맥락이다. 하지만 현실은 그와 반대의 양상을 보인다. 오히려 돈이 많은 사람들은 안정적인 예금을 하고, 돈이 없는 사람들이 미사리 경정경기장에 가서 하루 일당을 베팅하는 식의 극단적인 투기를 하는 사례를 종종 볼 수 있다.

일반적으로 나이만을 고려한다면 100에서 자신의 나이를 뺀 만큼(가령 50대 투자자는 50%)의 비율을 주식형 펀드에 넣고, 나머지는 채권형 펀드나 CMA에 넣는 것이 바람직하다.

한편 젊은 세대가 10만 원 혹은 20만 원씩 소액으로 투자할 경우에는 적립식 투자를 권하고 싶다. 적립식 투자는 매월 일정 금액을 투자하는 방식으로 매입 단가가 평준화된다는 이점이 있다. 매월 일정 금액씩 투자할 경우 주가가 상승하면 펀드의 단가도 높아지기 때문에 매입하는 펀드 수량이 그만큼 줄어들 수밖에 없다.

반면 주가가 하락하면 펀드의 단가가 낮아져서 매입하는 펀드 수가 그만큼 늘어난다. 20만 원씩 5개월간 적립식으로 투자를 했는데, 6개월째 되는 달에 주가가 많이 떨어질 때가 있다. 100만원이 투자 원금인데 평가를 해보니 90만원으로 떨어져 있을 수도 있다. 이에 놀라 해약하는 투자자들이 많은데, 그렇게 해서는 적립식 투자의 효과를 보기 어렵다. 주가가 낮아지면 매입할 수 있는 펀드 수가 늘어나기 때문에, 그렇게 몇 년을 계속하면 평균 매입단가가 낮아진다. 이로 인해 매월 일정액씩 투자하는 '시간 분산투자'의 효과를 볼 수 있다.

펀드투자, 왜 실패하는가?

●

대한민국 직장인이라면 누구나 한번쯤 펀드 때문에 울고 웃은 경험이 있을 것이다. 펀드에 가입해 손해를 본 이들의 사정을 들여다보면 제각각이다. 언론에서 펀드, 펀드 하길래 아무런 지식도 없이 덜컥 가입한 사람, 직장 동료가 펀드에 가입해서 이득을 봤다기에 따라서 가입한 사람, 남편 몰래 펀드에 가입했다가 반토막이 나서 말도 못하고 속만 끙끙 앓았다는 사람 등, 그야말로 각양각색이다.

나 또한 펀드투자에 대해 이야기하다 보면, 투신운용사 CEO로 5년 정도 일하면서 겪었던 일이 생각난다. 1998년의 일이었다. 내가 CEO를 맡기 전 운용했던 러시아 국채 펀드가 있었는데, 국내 정기예금금리보다 3~4% 정도 수익률이 높은 매력적인 상품이었다. 투신사들은 러시아 정부가 부도날 일은 없으니 걱정하지 말고 러시아 국채 펀드에 투자하라는 식으로 펀드를 팔았다. 그런데 걱정해야 할 일이 생겼다. 바로 러시아 정부가 모라토리엄(지불유예)을 선언해버린 것이다. 결국 투자자들에겐 원금의 20%밖에 줄 수 없는 상황이 발생했다. 전국 각지에서 투자자들이 몰려와 기물을 파괴하기도 하고 데모를 하기도 했다.

하루는 가사 도우미로 일하면서 지적장애인 딸을 키우는 중년 부인으로부터 한 통의 편지가 왔다. 당신들이 러시아 펀드가 안전하다고 해서 투자했는데 원금을 못 주겠다니, 원금을 물어주지 않으면 회사 앞에서 휘발유를 끼얹고 분신자살을 하겠다는 내용이었다. 정말 가슴

이 아팠지만, 투자자들에게 배상을 해줄 수도 없는 노릇이었다. 만일 배상을 해주면 주주(운용사)에 대한 배임행위가 성립될 수 있었기 때문이다. 이러지도 저러지도 못하는, 참으로 어렵고 가슴 아픈 상황이었다.

나는 그 일을 겪으면서 성공적인 펀드 운용을 위해서는, 두 가지 조건이 구비되어야 한다는 것을 절실히 깨닫게 되었다. 먼저 당연한 얘기지만 운용회사가 펀드 운용을 잘해야 한다. 그러나 펀드 매니저가 아무리 좋은 실적을 거두어도 투자자들이 소신을 갖지 못하고 돈을 넣었다 빼기를 반복하면 좋은 결과를 얻을 수 없다. 운용사를 믿고 기다려줘야 한다는 것이다.

적립식 펀드투자를 하는 사람들에게 투자의 목적을 물어보면, 노후 대비라고 말하는 이들이 절반 가까이 된다. 그런데 말로는 노후 대비로 투자를 한다고 하면서도, 그동안 적립해온 펀드를 환매했거나 앞으로 원금만 회복되면 환매할 거라는 이들을 자주 보게 된다. 이유를 물어보면 높은 수익을 기대할 수 없어서, 주변에서 다들 환매하고 있어서, 주식시장의 전망이 밝지 않아서라는 대답이 대부분이다. 이런 판단을 내리는 정보는 주로 신문, TV 뉴스, 친구, 직장 동료로부터 얻는다고 한다.

그러한 사람들의 공통점을 보면 주가가 최고 수준에 있을 때 가입한 경우가 대부분이다. 당시 주식형 펀드에 투자하면 큰 수익을 낼 것 같은 분위기에 휩쓸려 투자했다가, 주가 급락으로 손해가 나면 곧장 환매를 결심하는 것이다. 그런 말을 들을 때마다 투자자들이 노후 대비 투자와 적립식 투자의 본질에 대해 좀 더 잘 알고 있으면 좋을 텐데, 하는 아쉬움을 갖게 된다.

노후 대비 투자에 성공하는 비결은, 시장 분위기에 즉흥적으로 휩쓸리지 않고 젊은 시절부터 장기 분산투자를 실천해나가는 것이다. 이때 장기 분산투자를 실천하는 방법으로 가장 좋은 것이 바로 적립식 펀드투자다.

보통 하나의 주식형 펀드는 50개 정도의 우량 주식에 나누어 투자한다. 펀드 가격은 그 안에 들어 있는 50여 개 주식의 평균 가격이다. 주가가 상승할 때는 펀드의 가격도 올라가기 때문에 일정 금액으로 살 수 있는 펀드의 수량이 그만큼 줄어든다. 반대로 주가가 폭락하면 기분은 나쁘겠지만 펀드의 가격이 낮아지므로, 일정액으로 살 수 있는 펀드의 수량이 그만큼 많아진다. 이런 식으로 몇 년 동안 계속 투자해나가면, 펀드의 평균 매입단가가 낮아지는 효과를 누릴 수 있는 것이 적립식 투자의 이점이다.

문제는 시간 분산투자의 원칙을 꾸준히 지켜나가는 것이다. 2008년 가을처럼 주가가 하루에 100포인트씩 폭락해 내일이라도 지구의 종말이 올 것 같은 공포스러운 분위기에서도, 매달 불입금을 넣을 수 있는 용기가 있어야 한다. 그리고 주가가 크게 떨어진 상태에서도 회복될 때까지 2년, 3년 혹은 그 이상을 기다릴 수 있는 인내심이 있어야 한다.

  노후 대비 적립식 투자를 판가름하는 열쇠는 바로 여기에 있다. 단기적으로 주가를 예측하거나 남들이 모르는 특별한 정보를 입수하는 데 힘쓰기보다, 수시로 변하는 시장 분위기에 휩쓸리지 않고 장기 분산투자의 원칙을 묵묵히 실천해야 함을 명심하자.

우량펀드,
어떻게 고를까?

지금은 많은 이들로부터 외면받고 있지만, 한때는 인기를 누렸던 상품이 있다. 적립식 펀드나 변액유니버셜 같은 투자상품이 바로 그것이다. 하지만 상품에 문제가 있어서 투자자들의 외면을 받고 있는 것은 아니다. 상품의 내용을 제대로 알지도 못하고 가입한 투자자들의 잘못도 적지 않다.

내 아내만 해도 그렇다. 어느 날 아내가 일정 금액을 불입하는 변액유니버셜 보험에 가입했다기에, 몇 가지 기본적인 사항을 물어보았다.

"변액유니버셜은 펀드 운용상품이라서 원금 손실을 볼 수도 있는데, 그건 알고 가입한 거지?"

"그래요? 몰랐는데?"

"그 상품은 펀드로 운용되는 거라 운용하는 회사가 실력이 있어야 하는데, 운용사가 어딘지는 알고 있어?"

"모르겠는데…."

"변액유니버셜은 수수료를 제법 많이, 그것도 한꺼번에 떼기 때문에 장기로 가입해야 유리한데 그건 알고 가입했어?"

"몰랐는데…."

상품의 구체적인 내용에 대해서는 거의 모르고 가입했다고 해도 과언이 아니었다. 그저 보험사 FP Financial Planner(금융상담전문사)가 좋은 상품이라고 권하기에 가입했다는 것이다.

최근에는 모 백화점 문화 센터에서 강의가 끝난 후에 한 주부로부터 이런 질문을 받은 적도 있다.

"증권사 펀드에 가입했는데요. 알고 있는 보험사 FP에게 얘기했더니 좋은 펀드가 아니라면서 해약하라는데 어떻게 할까요?"

내용을 들어보니 변액유니버셜에 가입한 것 같았다.

예전과 달리 지금은 보험사뿐 아니라 증권사나 은행에서도 변액유니버셜, 변액연금보험을 팔고 있다. 일반 펀드나 변액유니버셜, 변액연금보험 모두 옷만 다르게 입었을 뿐, 내용은 펀드다. 상품에 대해 자세히 물어봐도, 그중 어떤 펀드를 샀는지 모르는 경우가 많다. 질문한 투자자도 자신이 어느 상품에 가입했는지 모르고 있었던 것이다.

이런 상품에 가입할 경우 증권, 은행, 보험사 등 어느 곳에서 가입을 하든지 반드시 확인해야 하는 사항이 몇 가지 있다.

첫째는 사려고 하는 펀드가 일반 펀드인지, 변액유니버셜인지, 변액연금보험인지를 확인해야 한다. 세 가지 상품 모두 기본은 펀드이지만, 펀드 자체의 성격, 세제혜택, 연금 기능, 수수료 면에서 차이가 있기 때문이다.

둘째, 주식형 펀드일 경우에는 그 펀드가 배당주 펀드나 가치주 펀드처럼 보수적으로 운용하는 펀드인지, 성장주 펀드, 코스닥 펀드와 같이 공격적으로 운용하는 펀드인지, 시장 평균 이익률을 추구하는 인덱스 펀드인지를 알아보고 그 펀드가 자신의 투자목적과 일치하는지를 확인해야 한다.

셋째, 펀드 운용회사의 평판을 확인해야 한다. 펀드의 운용성적은 판매회사가 아닌 운용회사의 실력에 좌우되기 때문이다. 따라서 과거의 운용성과는 어떠했는지, 대주주가 운용업에 대해 제대로 이해하고 있는지, 확실한 운용철학을 일관성 있게 유지하고 있는지를 확인해야 한다. 그러나 일반 투자자들이 이런 내용까지 알기는 쉽지 않기에 신뢰할 수 있는 FP의 도움을 받아 판단해야 할 것이다.

넷째, 과거 3~4년간의 펀드 운용실적을 확인해야 한다. 과거의 운용성적이 미래의 성적을 보장하는 것은 아니지만, 과거 실적이 좋은 펀드가 앞으로도 좋을 가능성이 크기 때문이다. 최종 운용결과가 좋더라도 성적의 굴곡이 심한 펀드는 피하고, 중상위 이상의 성적을 꾸준히 내는 펀드를 고르는 게 좋다.

다섯째, 펀드 관련 수수료를 확인해야 한다. 대부분의 국내 펀드는 수수료가 자동으로 빠져나가기 때문에 요율이 얼마나 비싼지를 실감하기 어렵다. 투자자들 또한 주가만 오르면 1~2%의 수수료 차이쯤이야 대수롭지 않게 여기는 경향이 있다. 그러나 5년, 10년에 걸친 장기투자를 할 경우 약간의 수수료 차이라도 향후 운용성적에 큰 영향을 미친다는 점을 명심해야 한다.

믿을 수 있는 금융회사와 거래하라

현역 시절에 모아둔 금융자산을 어떻게 관리하느냐에 따라 후반 인생의 생활수준이 크게 달라진다는 사실은 여러 번 강조한 바 있다. 선진국의 학교 교육에서 기본적인 자산관리를 필수 과목으로 도입하고 있는 것도 바로 이런 이유 때문이다.

그러나 아쉽게도 지금까지 우리나라에서는 이런 내용을 가르쳐오지 않았다. 대부분의 국민들이 자산관리와 관련해 제대로 된 지식을 갖추지 못한 채 노후를 맞고 있는 것이다.

결국 남아 있는 것은 자산관리 비즈니스를 하고 있는 금융회사(은행·증권·보험사 등)에 의존하는 방법밖에 없다. 제대로 된 자산관리 컨설팅 비즈니스를 하고 있는 금융회사의 실력 있는 FP와 상담하는 것이 우선은 최선이라 하겠다. 다시 말하자면 어떤 금융회사의 어떤 FP와 거래해야 할지를 판단할 최소한의 안목만은 갖추자는 뜻이다. 그렇다면 제대로 된 자산관리 컨설팅을 하는 금융회사는 어떻게 선별해야 할까.

첫째, 다양한 금융·투자교육 기회를 제공해주는 회사여야 한다. 물론 이제껏, 그리고 지금도 많은 금융회사들이 자산관리 관련 세미나를 실시하고 있다. 그런데 이러한 세미나는 시황 전망이나 자사상품 소개처럼 영업을 목적으로 하거나 재테크에 대한 단편적인 지식을 전달하는 것이 대부분이다. 고객의 금융·투자에 대한 지식 수준과 고객의 형편(나이, 재산상태, 가족상황, 고객의 성향, 투자기간)을 고려한 교육이 아니었다는 것이다.

진정한 금융·투자교육은 저축과 투자의 상반된 개념을 이해시키는 초보적인 내용부터 시작해야 한다. 그다음 단계에서는 소득수준의 향상과 가계의 금융자산이 어떤 상관관계에 있는지를 이해시켜야 한다.

일반적으로 소득수준이 높아지면, 가계의 금융자산은 저위험·저수익 상품에서 중간위험·중간수익 상품을 거쳐 고위험·고수익 상품으로 옮겨가게 되어 있다. 그러나 우리나라의 경우에는 저위험·저수익 상품에서 바로 고위험·고수익 상품으로 옮겨가는 경향이 강하다. 따라서 그 이유가 무엇이며, 왜 이를 개선해야 하는지를 이해시킬 필요가 있다.

앞에서도 얘기했지만 우리의 경우 장기투자를 해야 성공한다고 생각하는 투자자들이 아직은 그리 많지 않다. 장기투자가 중요하다고 말은 하면서도 타이밍에 맞게 샀다가 떨어지기 직전에 재빨리 팔고 나와야 투자에 성공한 거라고 여기는 투자자들이 훨씬 많다.

반면 자산운용에 대한 선진 투자자의 의식조사결과를 보면, 주식처럼 수익률 변동 위험이 있는 금융상품은 장기간 보유해야 하고, 예금처럼 수익률이 확정된 상품은 단기로 운용해야 한다고 생각하는 투자자가 절반 이상을 차지한다. 이러한 관점에서 지금 우리에게 필요한 교육은, 위험이 수반되는 금융상품은 왜 장기로 투자해야 하는지, 분산투자는 왜 필요한지, 가계 금융자산의 포트폴리오는 어떻게 짜야 되는지 등, 보다 근본적인 내용을 설명하는 것이어야 한다.

교육방식은 오프라인 집합교육이 될 수도 있고 온라인 교육이 될 수도 있다. 소수의 인원을 대상으로 할 수도 있고, 개별상담 방식을 취할 수도 있다. 교육의 형식보다는 고객의 형편에 맞는 내용을 교육시킬 수 있는 노하우를 갖고 있느냐가 중요하다.

둘째, 좋은 투자상품을 고를 수 있는 시스템을 갖춘 회사여야 한다. 아무리 자신의 형편에 맞는 포트폴리오를 짜고 장기투자를 한다 해도, 안정적으로 좋은 운용성적을 내는 투자상품을 포트폴리오에 포함시키지 않으면, 바라는 만큼의 투자성과를 올리기 어렵다. 따라서 금융회사를 판단하는 데 가장 중요한 것은 우량 투자상품을 고를 수 있는 시스템이다.

셋째, 다양한 상품공급 능력을 갖춘 회사여야 한다. 고객들에게 자신의 형편에 맞는 금융상품 포트폴리오를 짜서 운용하도록 하려면, 그에 맞는 다양한 상품을 갖추고 있어야 하는 것이 당연하다. 그 상품은 실력 있는 자산 운용사가 운용하는 펀드일 수도 있고, 그 금융기관이 개발한 상품일 수도 있다. 특정 분야의 상품만을 중점적으로 내놓거나, 운용성적에 관계없이 계열사 펀드만을 취급하는 금융기관은 결코 좋은 금융기관이라고 할 수 없다.

넷째, 실력 있는 FP를 충분히 확보하고 있는 회사여야 한다. 투자자가 금융회사에 찾아가서 상담을 받는 대상은 결국 'FP'다. 따라서 신뢰할 수 있고 실력 있는 FP로부터 필요할 때 언제든지 상담을 받을 수 있는 시스템을 갖춘 곳이 바람직하다.

마지막으로 투자자 보호 시스템을 제대로 갖추어놓은 회사여야 한다. 우량 펀드 선정 능력과 다양한 상품공급 능력을 갖추고 있고, 실력 있는 FP를 확보하고 있다고 해도, 회사는 어디까지나 이익을 추구하는 집단이다. 따라서 때로는 회사의 조직이나 개별 FP가 고객의 이익에 반하는 방식으로 비즈니스를 추진할 가능성도 있다. 상시 모니터링을 통해 이와 같은 부당 비즈니스 행위를 견제할 수 있는 시스템을 갖춘 회사가 좋은 금융회사라 할 것이다.

훌륭한 자산운용 주치의를 만나라

몸이 아플 때 찾아갈 수 있는 주치의가 필요한 것처럼, 자산운용에 성공하려면 '자산운용 주치의' 격인 FP를 잘 만나는 것이 중요하다.

FP라는 명함을 갖고 있다고 해서 자산운용 주치의라 할 만큼 실력 있고 신뢰할 만한 전문가라고 단정 지을 수 없다. 훌륭한 FP라면 금융 관련 지식뿐 아니라, 고객과 원활하게 커뮤니케이션할 수 있는 능력을 갖춰야 하기 때문이다. 다음은 실력과 FP를 선별하는 데 필요한 몇 가지 체크 포인트다.

첫째, 갑작스런 상담에도 대응해주는가. 살다 보면 갑작스런 사태가 발생하기 쉽고, 자산운용 계획을 근본적으로 바꾸지 않는다 해도 다소 수정해야 할 때가 있다. 이럴 때 부담 없이 연락해 상담할 수 있는 FP여야 한다.

둘째, 시간을 들여 고객을 이해하려고 하는가. 자산운용에 대해 상담을 받으려면 투자자 자신의 개인적 사정을 자세히 이야기해야 하는데, 처음부터 편하게 이야기하기란 쉽지 않다. 그런데 만나자마자 성급하게 이것저것 개인적인 사항들을 묻는 FP가 있다면, 이는 인간관계의 기본을 잘 모르고 있다는 증거나 마찬가지다. 이런 FP는 피하는 게 좋다. 물론 신뢰할 만한 FP라 판단된다면, FP의 질문에 솔직히 답하는 것이 도움이 되기도 한다.

셋째, 고객의 생각을 자연스럽게 끌어내려 하는가. 만나자마나 "재산이 얼마나 되시나요?", "자산형성의 목표는 무엇인가요?"라고 물어보는 FP도 훌륭한 FP라 할 수 없다. 자연스럽게 신뢰를 쌓아가면서 시간을 들여 고객의 생각을 이끌어내는 FP가 진정 훌륭한 FP라 할 것이다.

넷째, 고객의 입장에서 조언하는가. "고객님의 인생관에는 문제가 있는데요." 이런 식으로 설교를 하려고 드는 FP를 간혹 볼 수 있는데, 이 또한 피해야 한다. FP는 자산형성의 조언자이지, 고객의 인생관을 비판할 입장에 있는 사람이 아니기 때문이다. 물론 불가능한 고객의 요구에는 불가능하다고 확실하게 답해야 하지만, 어디까지나 고객의 입장에서 조언해줄 수 있어야 한다.

다섯째, 자신의 방법을 알기 쉽게 설명할 수 있는가. 아무래도 일반 고객들은 금융에 대해 잘 모르기 마련이다. 따라서 자신의 투자이념이나 운용방법 등을 고객의 눈높이에 맞춰 알기 쉽게 설명해줄 수 있어야 한다.

여섯째, 말과 행동이 일치하고 있는가. 가끔 보면 고객에게는 그럴듯한 투자이념을 늘어놓으면서 행동은 그렇지 않은 FP가 있는데, 이 또한 믿고 맡길 수 있는 FP라 할 수 없다. 증권사나 은행에 소속된 FP의 경우에는 고객의 입장에서 상담을 한다고 하면서도, 구체적인 운용상품을 선택하는 단계에서는 어쩔 수 없이 자사 계열의 금융상품을 제시하는 경우가 많다. 다른 금융기관에 더 좋은 금융상품이 있다는 것을 알지만, 위치상 그 상품을 추천해줄 수 없기 때문이다.

따라서 선진국의 경우에는 독립 FP가 제도적으로 인정을 받는 추세다. 이들은 특정 금융기관에 속해 있지 않기 때문에, 중립적인 입장에서 상담을 해준다. 많은 금융상품 중에서 고객의 라이프스타일에 가장 적합한 상품을 제시해주고, 고객의 상황을 지켜보면서 그때그때 형편에 맞는 조언을 해주는 것이다. 기업 내 FP가 소속 금융기관의 금융상품을 파는 판매 대리인이라면, 독립 FP는 고객을 대신해 금융상품을 구매하는 구매 대리인이라 볼 수 있다. 그뿐 아니라 선진국의 FP들은 기업에 속한 FP라 해도, 소속 회사의 상품을 파는 판매 대리인이라는 생각보다, 고객의 구매 대리인이라는 생각으로 영업하는 이들이 많다. 이들은 고객의 자산운용을 도와준 대가로 고객으로부터 보수를 받는 것이지, 그 보수를 소속 금융기관으로부터 받는 것이 아니라는 생각이 철저하다.

우리나라에는 아직 투자상품 분야의 독립 FP가 제도적으로 인정되지 않기 때문에, 독립 FP의 조언을 받기가 쉽지 않다. 따라서 기업 내 FP이면서도 판매 대리인이 아닌 구매 대리인의 자세로 일하는 FP를 찾아야 할 것이다.

6

대체 불가능한 '나'를 만들어라

"지금 다니고 있는 회사를 그만두더라도,
곧바로 같은 직업을 찾아 현재 수준에 못지않은 돈을 벌 수 있는가?"
이 질문에 자신 있게 "그렇다"고 답할 수 있는 사람은
투자에도 성공할 자질이 충분하다고 볼 수 있다.
이런 사람이 되기 위해서는, 끊임없이 자신(인적자산)에게 투자해
일류로 거듭나도록 노력해야 한다.

가장 큰 투자엔진은 '자신'의 직업이다

나는 2012년 말 미래에셋에서 퇴임해 강의와 연구활동을 해 오던 중, 2014년 9월부터, 트러스톤자산운용이 사회공헌조직으로 신설한 '연금교육포럼'의 대표를 맡아 다시 월급받는 일을 하게 되었다. 언론에서는 감사하게도 이러한 나의 현역 복귀를 비중 있게 보도해주었다.

고맙고 부끄러운 한편, '부족한 점이 많았을 텐데 왜 그렇게 좋게 봐주실까?'라는 생각이 들면서 자연스레 나의 지난 시간을 돌아보게 되었다. 스스로 나를 평가한다는 것이 조금 멋쩍긴 하지만, 비교적 전문적인 분야에서 남들보다 10년 정도 더 일한 것, 그리고 직장생활을 오래한 덕분에 노후에 큰 무리가 없을 만큼 경제적인 여유를 갖추게 된 것 정도가 직장인으로서 잘한 일이 아닐까 싶다. 40대만 돼도 구조조정을 걱정해야 하는 시대에 비슷한 입장의 사람들보다 10년쯤 더 일했으니, 회사원이라는 측면에서 보면 장수한 편이라 하겠다.

보통 일을 그만둔 다음 공허함에 시달리는 이들이 많은데, 나는 다행스럽게도 차근차근 계획을 세운 덕분에 일을 계속할 수 있었다. 이모든 것이 일본에 근무하면서 남들보다 먼저 고령 사회에 관심을 가진 것, 직장생활 후반에 투자교육, 노후설계 관련 업무에서 일한 것, 이 두 가지 덕분일 것이다. 후반 인생이 얼마나 중요한지를 몸소 느낄 기회가 많았기에, '평생 현역이야말로 최고의 노후준비'라는 말을 실천할 작은 토대를 마련할 수 있었다.

사실 "직장생활을 그렇게 오랫동안 하신 비결이 뭔가요?"라는 질문을 받을 때마다, 다소 난감한 기분이 든다. 딱히 회사를 오래 다니겠다는 목표를 세우고 인생을 살아온 것도 아니고, 때로는 거창한 계획 없이 하루하루를 보낸 날도 적지 않아서, 이런 질문을 받는 것 자체가 부끄러울 뿐이다. 그래도 이러한 점을 궁금해하는 사람들이 많은 것을 보면서, 외람되지만 직장인을 비롯한 인생 후배들에게 도움이 되었으면 하는 마음에서 나름대로 '비결'이라는 것을 고민해보았다.

다만 한 가지 마음에 걸리는 점은, 내가 한국경제의 고성장기를 겪어 왔다는 것이다. 80년대만 하더라도 우리나라 경제 성장률은 두 자릿수에 달했다. 하지만 이 글을 읽는 대부분의 독자는 앞으로 저성장 시대를 살아가야 하는 이들일 것이다. 열심히 노력한다 해도 시대의 흐름이 따라주지 않으면, 몇 배 더 어려움을 겪을 수밖에 없다. 고성장 시대를 살아온 나의 경험이 어려운 저성장 시대를 살아가야 하는 많은 이들에게 얼마나 도움이 될지 걱정부터 앞서지만, 이 점을 염두에 두고 읽어주었으면 하는 바람이다.

지금 하는 일에서 '최고'가 되자

금융업계에 몸담고 있어서인지 내게 재테크에 밝아서 얼마나 좋겠느냐며 부러움의 눈길을 보내는 이들이 간혹 있다. 하지만 꼭 그렇지만은 않다. 40년 동안 증권업계에서 일하면서 재테크가 오히려 자신의 직업에 악영향(?)을 미치는 것을 숱하게 봐왔기 때문이다.

우리나라 직장인들이 재테크에 관심을 갖게 된 것은 IMF 이후부터라 해도 과언이 아니다. 외환 위기 이후 구조조정이 일상화되면서, 사회는 양극화되고 정년은 짧아지고 노후는 길어지는 시대가 되었다. 이러한 불안 요소 등을 해소하고자 재테크에 열심인 직장인들이 많은데, 결과만 놓고 보면 재테크는커녕 자기 일에서도 성공을 못하는 이들이 태반이다.

사장으로 일할 때 사무실을 한 바퀴 쭉 돌다 보면, 내가 지나가는 순간에 컴퓨터를 급하게 끄는 친구들이 있다. 대개 둘 중 하나다. 야한 사진을 보고 있거나, 주식을 하고 있거나. 당연한 결과겠지만 그러한 친구들 중에 승진이 빠른 사람은 거의 없다.

직장인이라면 재테크로 돈을 불리기보다, 돈 버는 능력을 지닌 자기 자신도 운용자산의 일부라는 생각을 확고히 해야 한다. 현재 및 장래에 돈을 벌 수 있는 능력을 현재 가치로 평가한 것을 '인적자산'이라 한다면, 개인의 운용자산은 이 인적자산과 부동산이나 주식 같은 좁은 의미의 운용자산을 합친 것이다. 직장인은 자신의 능력, 즉 인적자산의 대가로 급여와 보너스를 받는다. 다시 말해 지금 내가 회사에서 하는 일은 그만큼의 수입을 발생시키는 금융자산이라 할 수 있다.

따라서 직장인이라면 스스로에게 질문해보자.

"지금 다니고 있는 회사를 그만두더라도, 곧바로 같은 직업을 찾아 현재 수준에 못지않은 돈을 벌 수 있는가?" 이 질문에 자신 있게 "그렇다"고 답할 수 있는 사람은 투자에도 성공할 자질이 충분하다고 볼 수 있다. 이런 사람이 되기 위해서는, 끊임없이 자신(인적자산)에게 투자해 일류로 거듭나도록 노력해야 한다. 즉 스스로 능력을 키워 좀 더 많은 연봉을 받을 수 있도록, 쉬지 않고 자신에게 투자하는 것이야말로 투자의 왕도임을 명심하자.

다만 이때 유념해야 할 것이 있다. 몸값을 높이는 방법이 과거와 달라졌다는 사실이다. 과거에는 처음 들어간 회사에서 별 탈 없이 직장 생활을 하고 퇴직하는 것이 최고였다면, 이제 직장에서 안정적인 삶을 누리는 시대는 종언을 고했다고 해도 과언이 아니다. 누구나 그렇겠지만 샐러리맨에게는 분명 위기의 시대다.

이어령 교수는 이러한 현상을 '샐러리맨의 위기는 지식사회로 이행하는 문명사적 전환의 결과'라고 표현하기도 했다. 문명사적 전환이 샐러리맨들의 삶에 불안정성을 증폭시키는 지금, 직장인들은 어떻게 자신의 가치를 높이며 살아야 할까? 나는 후배들에게 자신의 몸값을 높이라는 이야기를 할 때면, 이어령 교수의 조언을 빌려 다음과 같은 이야기를 해준다.

먼저 조직에서 '오직 한 사람(only one)'이 되어야 한다. 가끔 "그래봤자 회사원이지 뭐."라며 자기 스스로 가치를 떨어뜨리는 이들이 있는데, 회사원도 잘만 하면 전문직보다 훨씬 나을 수 있다. 물론 경제적인 대가가 전부는 아니지만, 수십억 원의 스톡옵션이나 고액 연봉을 받으며 회사에 다니는 이들을 생각해보라. 의사나 변호사 같은 전문직은 아니더라도, 조직 내에서 나 아니면 못하는 일을 한다면 회사원도 전문가가 될 수 있다.

둘째, 자기 브랜드를 만들어야 한다. 요즘 같은 시대에서 살아남기 위해서는 전문직이든, 샐러리맨이든 수천 명 중에서 자기 자신을 확실히 차별화할 수 있어야 한다. 특히 회사원은 사원 누구, 과장 누구, 부장 누구로 기억될 것이 아니라, 김갑돌이면 김갑돌, 김삼순이면 김삼순이라는 이름 석 자로 기억돼야 한다. 회사 이름보다 이름 석 자가 더 유명한 '브랜드 직원'은 구조조정에서도 절대 감원 대상이 되지 않는다. 자기 자신을 브랜드로 만들려면 윗사람에게 충성을 발휘하기보다, 자신의 일에 대해 남다른 로열티를 갖는 것이 중요하다.

셋째, 자기 특허 혹은 지적 재산권을 만들어야 한다. 이는 곧 회사를 자신의 파트너로 삼는다는 뜻과도 일맥상통한다. 회사에 소속되어 월급을 받더라도, 회사에 많은 돈을 벌어주는 파트너가 된다면 아무도 섣불리 건드리지 못할 것이다. 이런 지적 재산권을 하나쯤 갖고 있는 샐러리맨은, 감원이라는 냉혹한 현실에서 자신을 보호해줄 보험을 들어둔 것이나 마찬가지다.

거듭 말하지만, 직장인의 가장 큰 재산은 "나는 현재 하고 있는 일에서 얻는 수입으로 충분히 생활할 수 있다"는 자신감이다. 이 재산을 일순위로 생각지 못하고 재테크에 매달리다 보면, 결국 돈도 일도 잃게 될 수 있다는 사실을 잊지 말자.

처음부터
전문가인 사람은 없다

　　직장 내에서 온리 원이 되는 것은, 전문가로 살아가는 것과 마찬가지다. 한 치 앞을 예측하기 힘든 지금, 너도나도 전문가의 시대가 왔다고, 이제는 전문가로 살아야 한다고 이야기한다. 틀린 말은 아니다. 어디에서든 어떤 상황에서든 대접을 받을 수 있는 것이 전문가다. 취직이 되지 않아 고생하는 이들이 많아도, 일을 잃고 내몰리는 이들이 많아도, 항상 기업에선 전문가가 부족하다며 아우성이다.

　그렇다면 전문가란 어떤 사람일까? 먼저 전문가에 대한 정의를 내릴 필요가 있다. 가령 자격증도 전문가의 표식이 될 수 있다. 의사나 변호사를 하려면 반드시 자격증이 있어야 하는 것처럼 말이다. 그러나 직장생활에서 전문가란 이런 자격증을 의미하는 것이 아니라, 다른 사람이 내게 질문을 하도록 하는 것이 전문가다. 무슨 일이 생기면, "그건 아무개에게 물어봐."라고 할 때 그 대상이 되는 사람이 바로 전문가인 것이다.

그런데 전문가는 하루아침에 땅 속에서 불쑥 튀어나오거나, 하늘에서 뚝 떨어지는 게 아니다. 말하자면 처음부터 전문가인 사람은 없다.

내 경험을 말하자면 직장생활을 하는 내내, 운 좋게도 '○○ 전문가'라는 말을 들을 기회가 많았다. 사실 전문가라고 하기엔 무리가 있는데도 내가 그렇게 불리게 된 것은 사소한 계기로부터 시작된다는 것을 나중에 알았다.

대우증권에서 동경 사무소장으로 일할 때인데, 어느 날 서울에서 무슨 일이 있었던 모양이다. 전날 마신 술이 좀처럼 깨지 않아 약간 늦게 출근했는데, 일본 고객으로부터 문의 전화가 와 있었다.

"서울에서 무슨 일이 있었다는데 그게 왜 그런 겁니까?" 밤새 술을 먹었으니 내용을 알 턱이 없었다. 그래서 "죄송하지만 제가 조사해서 최대한 빨리 알려드리겠습니다."라고 말한 뒤 전화를 끊고는 재빨리 서울에 전화를 걸었다. 내용을 파악해두었더니 그다음부터 걸려오는 전화에는 서슴지 않고 대답할 수 있었다. 마치 처음부터 준비된 것처럼 신속하게 대답을 했더니 일본 고객들이 "저 사람은 전문가다."라고 이야기하기 시작했다. 전화 몇 통화로 전문가가 된 셈이다.

전문가가 되려면 사람들이 자신에게 질문을 하게 만드는 것이 중요하다. 그러기 위해서는 "저는 이런 자료들을 가지고 있습니다.", "저는 이런 내용의 원고를 쓸 수 있습니다."라고 말할 수 있어야 한다. 무엇보다 평소 자신의 분야와 관련된 자료를 빠짐없이 챙기는 것이 중요하다. 나는 항상 가방에 가위를 넣고 다니는데, 신문 등을 보다가 필요하면 기사를 오려두기 위해서다. 주말에는 신문을 스크랩하면서 시간을 보낸다. 이렇게 준비를 해놓아야만 누가 질문을 해와도 즉각 대답하고, 이를 토대로 원고를 쓸 수 있기 때문이다. 지금이야 스마트폰 덕분에 언제 어디서든 필요한 자료를 손쉽게 검색할 수 있게 되었지만, 희한하게도 그렇게 찾은 정보는 금세 잊어버리고 만다. 반면 직접 준비한 자료들은 오래도록 기억에 남는다.

한동안 IR(Investor Relation : 기업재무홍보) 전문가로 인정받게 된 것도 우연한 계기에서였다. 일본을 반면교사로 삼아야 한다는 얘기를 여기저기 하고 다닐 때였는데, 하루는 시사 월간지 〈월간중앙〉에서 일본인 전문가의 원고를 받아달라는 부탁을 해왔다. 1991년 7월이었다. 그 전부터 잘 알고 지내던 시모무라 다이이치 투자자문 사장을 섭외해 원고를 받아 번역을 하려고 읽고 있는데, 그중 다음과 같은 내용이 있었다. "국제화 시대에는 기업 재무를 홍보하는 IR 업무가 기업의 중요한 과제다."라는 대목이었다. 이때 처음 'IR'이 무엇인지 알게 되었다. 당시 대우증권의 국제부장으로 일하던 때라 IR 세미나를 하면 고객에게 도움이 되겠다는 생각에, 1991년 8월 13일 국내에서는 처음으로 대한상공회의소에서 IR 세미나를 개최하게 되었다. 이 세미나를 계기로 국내에 IR 개념이 도입되었고, 그 후 20여 년 동안 IR 관련 행사가 있을 때마다 단골로 초청을 받았다. 어느 순간 우리나라의 IR 전문가가 된 것이다.

같은 일을 하더라도 시대의 변화와 함께, 조금씩 업무가 파생되면서 새로운 일이 생겨나는 것 같다. 처음에는 깊은 지식이 없더라도 새로운 일을 대할 때마다 '이걸 한번 해봐야지'라는 마음으로 공부하다 보면 남들보다 조금 먼저 알게 될 때가 있다. 그러면 남들이 질문을 하기 시작하고, 시간이 흐르면서 자연스레 전문가로 인정받게 되는 것이다. 앞서 얘기했듯이 전문가란 '남들이 질문을 해오는 사람'이라고 강조하는 이유다.

만일 자신이 어느 분야의 전문가로 성장하고 싶다면, 지금부터 당장 실천해보자. '누구보다 빠른 대답'은 전문가로 인정받을 수 있는 가장 좋은 방법이다. 물론 말처럼 쉬운 건 아니다. 아무리 많이 안다고 해도 남들 앞에 나설 수 있는 용기가 있어야 한다. 내가 해보겠다고, 잘할 수 있다고 먼저 손을 드는 정도의 용기 말이다. 아무것도 아닌 것 같지만, 정작 실천하는 데는 엄청난 각오가 필요하다.

누구에게나 장점과 단점은 있다

대부분의 사람들은 장점과 단점을 갖고 있다. 아무리 장점 일색인 사람이라도 치명적인 단점이 있고, 단점투성이인 사람도 확실한 장점이 있다. 즉 모든 사람은 스타일이 다를 뿐, 평균 정도의 단점과 장점을 갖고 있다. 중요한 것은 장점과 단점이 얼마나 되는지가 아니라, 장점을 어떻게 어필하고 단점을 어떻게 커버하느냐는 것이다.

경영학의 구루Guru 피터 드러커는 '강점 위에 설계하라'라는 명언을 남겼지만, 대부분의 사람들이 자신의 약점만 붙들고 이를 보완하거나 개선하려고 노력한다. 하지만 이런 노력은 대개 실패로 끝나고 만다. 반면 주위를 돌아보면, 운 좋게도 하는 일마다 잘 풀리는 사람들이 있다. 정말 그들이 유독 운이 좋은 것일까? 내 생각에 운이 좋다는 것은 자기의 장점은 살고 단점은 가려지는 환경을 만나는 것, 좀 더 자세히 말하자면 그런 상사나 부하직원을 만나는 것이 아닌가 싶다.

가령 영업실적이 좋지 않은 회사가 판매 부진을 해소하기 위해 마케팅에 전력을 다할 때가 있다. 이때 좋은 실적을 내는 사람이 있으면, 그 사람은 당장 눈에 띌 것이고 승진할 가능성도 높다. 본인의 장점(영업)과 상황이 잘 맞아떨어진 것이다. 한마디로 운이 좋은 것이다. 반대의 경우도 있을 수 있다. 연구와 조사에 매우 뛰어난 직원이 있는데, 회사 사정이 어려워져서 그러한 업무가 빛나지 않을 수도 있다.

시류時流도 운과 관련지어 생각해봐야 한다. 내가 일본어를 공부하고 일본에서 일했던 1980년대는 일본이 전 세계적으로 각광을 받던 시기였다. 즉 일본어를 할 줄 알면 높게 평가받을 수 있었다. 그런데 내가 일본 관련 업무를 접자 공교롭게도 일본 경제가 깊은 침체의 늪에 빠지기 시작했다. 그 후에는 일본어 능력보다 미국식 금융 시스템이 각광을 받으면서 영어 능력이 더 중요해졌다. 한마디로 운이 좋았다고밖에 얘기할 수 없다. 또한 내가 다른 사람들보다 한 발 앞서 관심을 갖고 공부했던 자산운용업이 1990년대 이후부터 한국 금융계의 성장산업으로 떠올랐기에, 자산운용사의 최고경영자로까지 일할 수 있었다.

최고경영자 자리를 그만두고 투자자 교육에 관심을 갖고 강의를 다니던 때는, 사회적으로 투자자 교육의 중요성이 부각되던 시기였다. 투자자 교육 이후 노후준비에 대해 본격적인 연구를 시작했을 때는, 한국사회가 고령화 시대에 접어들면서 내 능력에 비해 나를 찾는 곳이 많아졌다.

대인관계도 운이 많이 작용하는 것 같다. 내가 대우증권 국제 본부장으로 일하던 시절 내 곁에는 부족한 영어 실력을 메워줄 유능한 직원들이 많이 있었다. 영어를 잘하는 우수한 직원들이 없었더라면, 국제본부를 제대로 이끌 수 없었을 것이다.

나는 자산운용사 두 곳의 사장을 역임했다. 애초 성격이 비사교적인 데다 남을 간섭하는 것을 싫어하는 편이다. 마음도 그리 모질지 못해서 싫은 소리도 못하는 축에 속한다. 최고경영자는 싫은 소리를 해야 할 때가 있고, 어쩔 수 없이 모질게 사람들을 대해야 할 때도 있는 법인데, 천성적으로 그런 일에 서투른 것이다. 그래서 어쩔 수 없이

'자유 방임형 스타일'을 택할 수밖에 없었다.

그럼에도 다행히 대과大過 없이 사장이라는 일을 마무리할 수 있었던 것은, 다행히 내가 사장으로 있었던 자산운용사라는 조직이 다른 회사에 비해, 실무자들에게 상대적으로 많은 권한이 주어지는 곳이었기 때문이다. 만일 어려움에 봉착해 구조조정을 해야 하는 회사의 사장을 맡았더라면, 아마 몇 달도 견디지 못하고 쫓겨나거나 스스로 물러났을 것이다. 운이란 이처럼 자신의 장점이 살고, 단점이 감춰지는 환경에서 일하는 것을 의미한다.

운이란 좋을 수도 있고 나쁠 수도 있다. 그렇다고 매번 운이 좋기만을 기다리며 아무것도 하지 않는 것은 더욱 위험하다. 장점은 살고 단점은 가려지는 환경을 만나는 게 운이 좋은 것처럼, 자기 스스로 장점을 살리고 단점은 커버하도록 끊임없이 노력해야 한다.

자신뿐 아니라 다른 이의 장점과 단점을 이해하는 것도 중요하다. 나는 서른 살 정도 되면 엄청난 충격을 받지 않는 이상, 타고난 성격은 변하기 어렵다고 믿는다. 따라서 상대의 장점과 단점을 오롯이 받아들이는 책임 역시 자기 자신에게 있다고 봐야 할 것이다.

부부간에도 마찬가지다. 서로 다른 환경에서 살아온 두 사람이 만나 결혼하는 것이 바로 부부다. 살다 보면 생각하는 방식, 좋아하는 색깔, 좋아하는 음식 등 서로 다른 게 한두 가지가 아닐 것이다. 나 역시 여느 부부처럼 수없이 부부싸움을 해왔다. 지금 생각해보면 나쁜 아니라 대부분의 부부싸움은 서로 다를 수 있다는 사실을 인정하지 못해서가 아닐까 싶다. 자신이 사람들과 잘 어울리는 성격이라고 해서 내성적인 사람을 이상하다고 생각한다면, 그게 싸움의 불씨가 된다. 내가 싱겁게 먹는다고 해서 짜게 먹는 사람의 식성이 이상하거나 촌스럽다고 여겨도 문제가 생긴다. 원만한 부부생활을 위해서는 다름을 먼저 인정해야 한다. 부부관계뿐이 아니다. 직장에서도 직원이나 동료들의 단점을 탓하기보다는 장점을 살리고 단점을 감춰주기 위해 노력해야 한다.

하지만 살아가다 보면 자신의 장점보다 단점이 부각되거나 시류를 잘못 만나거나 주위에 나를 알아주는 사람이 없을 때도 있는 법이다. 세상에 항상 좋은 일만 가득할 수는 없으니 말이다. 운이 좋을 때는 모든 문제가 잘 풀리니 걱정할 게 없다.

그렇다면 자신의 단점이 드러나는 상황, 즉 운이 나쁠 때는 어떻게 해야 할까? 이럴 때는 인내, 버티기가 좋은 방법이다. 섣불리 자신의 감정만을 앞세우거나 충동적으로 의사결정을 하지 말고 인내하면서 상황을 지켜봐야 한다.

개인적으로는 약점을 고쳐야겠다고 작정하고 무작정 덤비기보다, 약점을 인정하고 자신의 노력만으로 변화시키기 어려운 것도 존재한다는 사실을 받아들일 수 있어야 한다. 그렇다고 손 놓고 아무것도 하지 말라는 얘기가 아니다. 스스로 변하지 않으면 안 되는 상황, 일을 하지 않으면 안 되는 상황을 만들어놓은 후 일을 해내는 것도 좋은 방법이다.

　나는 개인적으로 영어 콤플렉스가 엄청나다. 어느 정도 나이가 든 후에 외국어를 배우기란 매우 어렵다. 학원에 다니며 열심히 공부했지만 실력이 좀처럼 늘지 않아 나중에는 아예 포기해버렸다. 오히려 포기를 하니 마음이 편해졌다.

　조금은 안이한 말일 수도 있지만, 새해만 되면 결심을 하고 영어학원에 등록을 했다가 작심삼일로 끝내는 것보다는 나을지도 모른다. 그 후 '연초 증후군'에서 벗어날 수 있었다. 못하면 통역을 쓰면 된다. 소질 없는 일에 힘쓰기보다 자신이 잘할 수 있는 분야에 집중하는 것이 더 낫지 않을까?

　"스스로 기회를 만들어서 그 기회를 통해 자신을 바꾸어 나가자."

　내가 좌우명으로 삼고 있는 말이다. 나처럼 단점도 많고 천재도 재벌의 아들도 아닌 평범한 사람은, 약점을 인정하고 스스로 변할 수밖에 없는 상황을 만든 다음 조금씩 발전해 나가는 방법밖에 없다고 생각하던 차에 우연히 보게 된 문구였다.

　이 말은 일본의 인력 컨설팅 회사인 '리크루트'의 사훈社訓이다. 그 회사 근처에서 약속이 있었는데 시간이 좀 남아서 회사 로비에 들어갔다가, 그 말을 본 순간 '바로 이거다' 싶어 지금까지 마음속에 기억하고 있다.

주특기,
얼마든지 만들 수 있다

간혹 주위 사람들에게서 좋은 취직자리가 있으면 소개시켜 달라는 말을 듣곤 한다. 반대로 괜찮은 사람을 소개해달라는 부탁을 받을 때도 있다. 이럴 때 "참 착실한 친구이니 한번 만나보면 어떨까요?"라고 하면, 여지없이 다음과 같은 답변이 돌아온다.

"착실한 건 됐고요. 그 친구 주특기가 뭔가요? 저희 회사에서 필요로 하는 인력은 ○○ 분야에서 10년 정도 일한 경험자인데요."

언젠가 후배 한 사람이 일자리를 부탁해왔다. 아주 성실하고 대인관계도 원만해서 한 회사에 소개했더니, 회사 측에서 그 친구의 주특기가 무엇이냐고 묻는 것이다. 일류 대학을 졸업한 데다 여러 부서를 거쳐 경력도 화려했지만, 마땅히 내세울 만한 주특기가 떠오르지 않앉다. 그래서 후배에게 전화를 걸었다.

"그 회사에서 자네 주특기가 뭐냐고 묻는데 뭐라 말하면 좋을까?"

"제 주특기가 뭘까요?"

"이 사람아, 자네도 모르는 자네 주특기를 내가 어떻게 알겠나?"

안타깝지만 이 후배처럼, 선뜻 자신의 주특기를 말하지 못하는 사람이 의외로 적지 않다. 이런 경우 십중팔구 취직은 물거품으로 돌아간다. 주특기가 없는 사람이라고 실력이 없는가 하면 그렇지도 않다. 대부분 명문 대학에 스펙도 화려하고 경력도 풍부하다. 그런데 문제는 회사에서 요구하는 이렇다 할 특기가 없는 것이다. 말하자면 '풍요 속의 빈곤'인 셈이다. 여러 부서를 거치면서 다양한 경험을 한 것이 경력이라고 믿는 사람들이 많은데, 이는 그 회사에 다닐 때나 유효한 것이다.

사회에서 요구하는 경력은 그 사람만의 '주특기'가 있는지 여부다. 흔히 무슨무슨 '통'이라고 얘기하는 것. 저 사람은 재무통이야, 저 친구는 노무통이야 하는 식의 통이다. 군대를 다녀온 남자들은 알겠지만 군대에는 야전통, 군수통 등으로 불리는 사람들이 있다. 사회에 빗대어 말하자면 주특기가 있는 사람들인 셈이다.

주특기라고 하면 엄청난 능력을 갖춰야 하는 것 아니냐고 여기는 사람들도 있을 것이다. 하지만 사소한 것도 괜찮다. 아니, 오히려 남들이 미처 생각지 못한 사소한 것일수록 나를 차별화하는 주특기가 될 수 있다.

주특기 하면, 40년 전 증권 거래소에 입사했을 당시 60세가 넘은 전화 교환원이 가장 먼저 떠오른다. 지금처럼 자동 응답기가 있던 시절도 아니고 각자 전화를 받는 게 아니다 보니, 외부에서 전화가 오면 제일 먼저 받는 사람이 전화 교환원이었다. 그런데 이 교환원이 회사를 그만둔다고 하면, 회사가 나서서 더 해달라고 잡곤 했다. 왜 그랬을까. 이 교환원이 엄청난 주특기를 가지고 있었기 때문이다. 그녀의 주특기는 '말투와 목소리 그리고 기억력'이었다. 유난히 목소리가 예쁘고 매우 싹싹했다. 얼마나 목소리가 예뻤던지 몇몇 친구로부터 조금 전 그 아가씨 소개 좀 해줄 수 없느냐는 말을 들은 일도 있다. 그랬다가 내가 환갑이 넘은 사람인데 괜찮냐고 하면 질겁을 하는 것이었다. 전화를 걸어본 사람이라면 누구나 알겠지만, 전화기 너머의 통명스러운 목소리는 전화를 건 사람의 기분까지 일순 망쳐버린다. 싹싹하고 예쁜 목소리는 누구나 호감을 가질 수밖에 없다. 그리고 회사 내 모든 사람의 연락처를 머릿속에 넣고 있던 덕분에 빠르게 연결해 주었다. 얼마나 기억력이 좋은지 어떤 분은 1년 만에 전화를 했는데도 알아듣고 "○○○씨 아닌가요?" 하고 이름을 불러주는데 귀신을 만난 것 같다고 했다. 싹싹한 목소리와 타고난 기억력, 성의 있는 태도 덕분에 여성들이 결혼을 하게 되면 바로 사표를 내야 했던 시절이었음에도, 60세 넘어서까지 일할 수 있었던 것이다.

이웃에 사는 어느 할머니의 이야기다. 평소에 며느리가 귀엽고 사랑스럽다고 자랑을(?) 하셔서 그 이유가 무엇인지 여쭤본 적이 있다. 요즘은 '시월드'라는 말이 있을 만큼 고부간의 사이가 좋기 어려운데,

시어머니가 애정 어린 목소리로 며느리 칭찬을 하는 것이 조금은 신기했다. 그 이유가 무엇인지 들어보니 며느리가 시어머니를 부를 때 꼭 "어머니, 어머니" 하고 두 번씩 부른다는 것이다. 그리고 자기나 남편이 "얘야" 하고 며느리를 부르면, "예, 어머니" 하고 밝고 싹싹한 목소리로 시원스럽게 대답을 한다는 것이다. 싹싹하게 말하고 대답하니 다른 실수는 적당히 눈감아주게 되더라는 것이다.

또 다른 사례도 있다. 여의도 어느 공공기관에 근무하는 경비원이 그 기관의 대리급 이상 직원 수백 명의 이름과 소속부서, 출신 학교 등을 줄줄 외우고 있다고 해서 화제가 된 적이 있다. 이처럼 사소해 보이는 것이라도 자신만의 남다른 능력이라면, 직장생활을 할 때나 퇴직 후 재취업을 하는 데 결정적인 도움이 된다.

서울대 윤계섭 교수에게 들은 이야기도 생각이 난다. 윤 교수는 업무차 해외에 나가면 반드시 제자들의 집을 방문하는 경우가 있는데, 그 집을 방문할지 말지를 정하는 한 가지 원칙이 있다고 한다. 대개 제자들의 집에 전화를 하면 부인들이 받는데, "여보세요" 하고 끝을 올려서 밝고 싹싹하게 받으면 가고, 목소리를 깔고 전화를 받으면 가지 않는다는 것이다.

전화 한 통이 별 것 아니라고 생각할 수 있어도, 멀리 내다보면 사람의 운명을 바꿀 수도 있다. 방문한 제자와 얘기가 잘돼서 어떤 좋은 계기를 만들어줄 수 있을지 알 수 없는 일 아닌가.

전화 받는 습관 하나가 우리네 인생에 커다란 영향을 미칠 수 있다. 주특기를 갈고닦는 데는 경력뿐 아니라 사소한 습관도 도움이 된다는 점을 반드시 기억하자.

자신의 약점을 보완하는 마감력

●

나는 증권업계의 비주류 출신이다. 많은 사람들이 내가 주류 증권맨으로 살아온 것처럼 알고 있는데, 사실은 그렇지 않다. 증권업계의 핵심 업무는 영업(마케팅), 펀드 매니저, 애널리스트 등이다. 그렇다고 경영자로서 탁월한 실적을 올린 경험도 없다. 오히려 업무경력을 하나하나 뜯어보면 약점이 많은 편이기에, 늘 미안한 마음을 품고 있다.

지금이야 투자문화가 많이 건전해졌지만 과거에는 단타 매매가 성행했다. 증권사 지점에서 영업을 하는 직원들은 목표로 한 약정을 채우려고 자기 돈으로 주식을 사고파는 게 다반사였다. 심지어 어렵게 마련한 집을 날리는 경우도 숱하게 보았다. 극단적인 경우에는 고객의 돈까지 다 날리고 생을 마감하는 직원들도 있었다. 나는 초창기 국제 비즈니스, 리서치 업무, 자산운용사 대표 등을 맡아서 일해왔는데, 대부분 치열한 영업 현장과는 어느 정도 거리가 있는 일들이었다.

커리어뿐 아니라 성격적으로도 단점이 많다. 집중력이 부족한 탓에 원고를 쓰다가도 갑자기 다른 일이 떠오르면 그 일을 하고, 당장 걸지 않아도 되는 전화를 하기도 하고 한마디로 주의가 산만한 것이다. 주어진 일에 몰입을 해서 뭔가를 끝장내는 성격이 아닌 것이다. 개인적으로 도시빈민운동의 대부인 전 두레교회 김진홍 목사님을 존경하는데, 그분의 아침묵상에서는 언제나 배울 점이 많다.

하루는 '어떤 사람들이 성공하게 되는가'라는 제목의 글을 읽었는데, 김 목사님은 야간 고등학교를 나와 소위 명문대 근처에도 못 가본 분이다. 그런데도 자신의 인생을 성공적이라고 이야기한다. 김 목사님은 성공하기 위해서는 6가지 기준을 갖춰야 하는데, 첫 번째 덕목으로 '집중Concentration'을 꼽고 있다. 그 내용은 다음과 같다.

"내 자신을 스스로 평가해보면, 약점이 많은 사람이다. 많아도 너무 많은 편이다. 그렇지만 한 가지 남다른 장점이 있다. 집중을 잘한다는 점이다. 무슨 일을 하든 내가 하는 일에 몰입한다. 책을 읽을 때는 그 책에 빠지고, 설교를 할 때에는 내 설교에 내가 취한다. 내가 좋아서 선택한 일에 전심전력을 다한다. 그래서 남들보다 비교적 좋은 결과를 얻을 수 있다."

그러나 나는 김 목사님과 달리 집중과는 거리가 먼 사람이다. 다행스러운 것은 스스로가 집중력이 부족하다는 것을 알고 있다는 점이다. 그래서 약점을 고치려고 하기보다는 보완하려고 부단히 노력을 했다. 부족한 집중력을 '마감력'으로 메운 것이다. 마감이란 일이 마무리되는 시점을 말한다. 마감을 정해놓으면 강제성이 생겨 어쩔 수 없이 일을 할 수밖에 없다. 내 자신을 믿지 못했기 때문에, 무엇을 할 때마다 마감을 정해놓고 강제로 내가 일을 하게끔 만든 것이다. 아무리 시간이 없거나 일이 바쁘더라도, 어쩔 수 없이 해야 하는 상황이나 환경을 만들어놓으면 스스로 변할 수 있다. 스스로 무언가를 하도록 '기회'를 만드는 것이다.

일본에서 근무할 때의 일이다. 거의 매일같이 고객이나 서울에서 오는 손님들을 만나 술을 마시고 다니던 시절이었다. 흐트러진 나를 바로잡기 위해, 나는 서울에 일부러 전화를 걸었다. 이러이러한 자료를 갖고 있으니 당신네 잡지에 이런 원고를 쓰겠다고 제안하는 것이다. 제안을 하는 순간 속박이 되는 법이다.

집중력이 좋지 못하다 보니 당연히 2~3일 전까지 글을 못 쓰는 경우가 태반이다. 대신 술을 마셔도 머릿속에서 원고 생각은 떠나지 않는다. 마감이 사나흘 앞으로 다가오면, 그제야 밤을 새워 글을 쓴다. 젊으니까 며칠 정도 잠을 못 자는 것쯤은 그리 어렵지 않았다. 그럴 때마다 '앞으로 이 짓을 다시 하나 봐라' 하고 수백 번 다짐 아닌 다짐을 하면서 글을 쓴다. 새벽 4~5시에 원고지 40~50매를 쓰고 나서 책상을 깨끗하게 치우고 나만의 시간을 보낸다. 일종의 의식이랄까. 아내 몰래 냉장고에서 위스키를 꺼내 물과 반반씩 섞어서 단번에 들이켜고 담배 한 대를 빼어물면, 몽롱한 기운이 온몸에 퍼져나간다. 세상에서 가장 행복한 순간이라 해도 좋을 만큼 충만한 만족감이 차오른다. 위스키 한잔과 담배가 몸에는 해롭겠지만, 정신만큼은 해방감과 충만감으로 가득해진다. 이 맛에 자료를 또 모으고 제안을 하고, 마음

속으로 미친 짓이라고 스스로를 욕하면서 마감을 한다.

인간의 마음이라는 게 들어올 때와 나갈 때가 다르다더니, 원고를 쓰고 난 후 만끽하는 해방감은 그렇게 기분좋을 수가 없다. 어느덧 그때까지 다시는 글을 쓰지 않겠다던 결심은 사라지고, 또 다시 원고를 쓰겠다고 자원을 한다. 자원했다 후회하고 해방감을 느끼고 다시 자원하는 과정을 되풀이하는 것이다. 지금 생각해보면 우습기 짝이 없지만 이러한 과정을 거치면서 조금씩 성장했던 것 같다. 집중력은 성공하는 사람에게 꼭 필요한 요소지만, 내 경우에는 마감력으로 보완할 수 있었다.

기회를 선사하는 힘, 제안력

40년 동안 직장생활을 해오면서 결정적인 터닝 포인트로 두 가지를 꼽을 수 있다. 하나는 대우증권에서 근무할 때 일본에 파견되어 연수를 받은 일이고, 다른 하나는 미래에셋투자교육연구소에서 투자교육 업무를 하게 된 것이다. 일본 연수는 내가 일본 전문가로서 경쟁력을 키울 수 있는 계기가 되었고, 투자교육연구소는 후반 인생을 준비하는 데 커다란 밑거름이 되어주었다.

지금이야 회사에서 직원에게 연수 기회를 주는 것이 그리 드물지 않지만, 내가 회사를 다니던 시절에는 외국으로 연수를 가는 일이 흔치 않았다. 그런데 어떤 생각에서였는지 대우증권 대리로 근무하던 시절,

나는 회사에 일본 연수를 가고 싶다고 제안했다. 내가 직장생활의 상당 기간을 일본 전문가로 살게 된 계기가 바로 이것이었다 해도 과언이 아니다. 그 제안이 결국은 일본 동경사무소장이라는 자리로 이어졌고, 국내에 들어온 후에도 일본 전문가로 살 수 있는 기반이 되었다.

지금 노후설계 전문가로 분에 넘치는 인정을 받게 된 이유도 역시 '제안의 힘'이었던 것 같다. 굿모닝증권의 CEO를 맡고 있었는데, 회사가 PCA 그룹에 인수되는 상황에 처했다. 주주가 바뀌어서 나 역시 물러나야 했지만 계약기간이 11개월이나 남아 있었기에, PCA 측에서는 부회장이나 상임고문 등의 자리를 제안해왔다. 물론 명목상 어쩔 수 없이 마련해준 자리였다. 어차피 11개월 동안 급여를 받아야 하는 입장이었기에, 나는 평소 하고 싶었던 '투자교육연구소'를 만들어보겠다는 제안을 했다. PCA에서도 펀드 마케팅을 해야 하니 거절할 리 없었다. 그 제안이 나를 한동안 투자교육 전문가로 살 수 있게 해주었다.

내가 본격적으로 투자교육과 노후설계 전문가의 길로 들어설 수 있게 된 데는, 가장 최근까지 내가 몸담았던 미래에셋 박현주 회장님이 큰 도움이 되어주었다. PCA와의 계약기간이 끝나갈 무렵인 2004년 1월, 박 회장님께 면담요청을 했다. 당시 내 나이는 57세. 친구들도 대부분 퇴직을 했고, 나 역시 앞으로 무엇을 하며 살 것인가를 고민하던 시기였다. 나는 회장님을 만나기 전, PCA 투자교육연구소장으로 11개월 동안 한 일과 앞으로 내가 미래에셋에 어떤 기여를 할 수 있는지에 대한 자료를 미리 만들어 퀵 서비스로 보냈다. 어떤 일을 해왔고 어떤 일을 할 수 있는지에 대한 제안서를 정성껏, 그리고 치밀하게 작성한 것이다. 며칠 후 가진 미팅에서 일 이야기는 나오지도 않았다. 아마 미리 만들어보낸 자료를 통해 이제까지 내가 했던 일과 앞으로 할 수 있을 것으로 기대되는 일을 소상히 파악하고 있었던 것 같다. 정작 그 자리에서는 "건강하시죠?"라는 인사 정도를 나누었을 뿐, 나머지는 일사천리로 진행됐다.

우리는 살면서 세 번의 결정적인 기회를 맞이한다는 등 '기회'에 대한 이야기를 많이 한다. 기회의 중요성을 논하기도 한다. 직장생활을 하다 보면 언제 기회가 올지 알 수가 없다. 설령 기회를 얻는다 해도, 상당한 시간이 흘러서야 그것이 기회였음을 알게 되기도 한다.

기회를 얻기 위해서는 비즈니스를 하거나 사람을 만날 때, 반드시 사전에 준비를 해두어야 한다. 만일 누가 만나자고 해서 만났는데 그때부터 이야기를 시작하면, 이미 늦은 경우가 대부분이다. 사전에 상대방이 판단할 만한 자료를 준비해야 하는 것이다. 그 자료에는 나를 어필하는 동시에 상대에게 득이 되는 제안, 이 모든 것을 증빙하는 자료가 반드시 있어야 한다. 특히 상대가 높은 자리에 있는 사람일수록, 이런 자료는 더욱 중요하다.

흔히 많은 이들이 높은 자리에 있는 사람은 자기 마음대로 사람을 뽑는다고 착각하는데, 이는 사실과 전혀 다르다. 고위직에 있는 사람일수록, 모두 그의 의사결정에 관심을 갖고 지켜보고 있기 때문이다.

오히려 실무 담당자보다 자신의 뜻으로 할 수 있는 게 많지 않다고 봐도 좋을 것이다. 리더를 맡고 있는 사람일수록, 자신이 거느리고 있는 직원들과 상의를 해야 한다. 따라서 고위직에 있는 사람에게 제안을 할 때는, 사전에 실무자와 구체적인 그림을 그릴 수 있도록 만나기 전에 충실한 자료를 만들어 보낼 필요가 있다.

물론 사전에 보내는 자료에는 상대방이 제안을 수용했을 때 어떤 이득을 얻을 수 있는지, 그리고 그 제안을 받아들였을 때 자신이 기여할 수 있는 일이나 역할이 구체적으로 포함되어 있어야 한다.

하지만 대부분의 사람들은 상대방이 먼저 자신을 알아봐주기를 바란다. 과거에 높은 지위에 있었던 사람들일수록 정도가 더욱 심한 것 같다. 나를 필요로 해서 만난 것이니 상대방이 나를 알아볼 거라 막연히 생각하는 것이다. 이런 사람들은 필요한 사람을 만난다 해도 구체적인 얘기는 꺼내지도 못할 가능성이 높다.

언젠가 내 친구가 들려준 이야기다. 어느 날 가깝게 지내던 후배가 찾아와 하소연을 하더라는 것이다. 그 후배는 모 기업에서 임원까지 지낼 정도로 능력 있는 친구였는데, 퇴직 후 갈 회사를 물색하고 있었다. 그런데 마침 후배와 함께 일했던 상사가 모 기업의 사장으로 가게 되었다. 게다가 그 사장은 후배와 고향 선후배로 가까운 사이였다. 후배는 그 선배가 자신을 스카우트할 거라는 생각에, 언제 자신을 불러주나 하는 기대에 가득 차 기다리고 있었다. 그런데 정작 선배를 만났더니 일 이야기는 꺼내지도 않고, 신변잡기적인 안부만 묻는 게 아닌가. 후배는 자신을 외면한 선배에게 서운한 감정을 뛰어넘어, 어느 순간부터는 묘한 배신감까지 들었다고 한다. 친구는 하소연을 해온 후배에게 다음과 같이 조언해주었다.

"회사와 같은 조직에서 새로운 누군가를 데려오려면, 어떤 일을 하고 어떻게 기여할 것인지에 대한 명분이 있어야 한다. 명분이 없으면 아무리 가까운 사람이라도 데려오기 어려운 법이다. 지금부터 네가 무엇을 기여할 수 있는지, 어떤 도움을 줄 수 있는지를 정리해서 그 사장이 자기 직원들을 납득시킬 수 있는 내용을 준비해야 한다."

물론 열심히 준비해 제안했다 해도 거절당할 수 있다. 그럴 때는 배신감을 느끼거나 화를 내기보다 오히려 '확실한 답변을 들었다'고 자신을 위로하는 것이 좋다. 막연하게 불투명한 기회를 기다리면서 시간을 흘려보내는 것보다, 확실한 답을 듣고 다음을 준비하는 것이 더 생산적이지 않은가. 비즈니스는 제안의 연속이다. 제안은 자신을 '표현'하는 방법인 동시에, 제안을 받아들이는 상대에게 '명분'을 주는 일임을 기억하라.

아는 것만큼 중요한 표현력

나는 회사의 젊은 직원들과 식사를 할 때면 '3분 스피치'를 즐겨 시킨다. 젊은 직원들은 내가 팀별로 식사를 하자고 제안하면 으레 3분 스피치를 시키겠거니 하고 준비를 해온다. 한때 겸임교수로 경영 대학원 강의를 맡았을 때도, 수업을 시작하기 전에 학생들을 2~3명씩 지명해 스피치를 하도록 했다.

스피치 주제는 보통 마음대로 택하도록 하지만, 대학원 학생들의 경우에는 사전에 주제를 정해준다. 수업 내용과 관련이 있는 주제여야 하고, 학점에 반영을 시켜야 했기 때문이다. 예를 들면 금융, 주식, 투자, CEO 등과 같은 주제들이다. 평가를 할 때는 내용은 물론이고 시간을 제대로 지키는지, 전문적인 내용이지만 의무교육만 받은 사람도 알아들을 수 있을 만큼 쉽게 말하는지를 중요하게 본다.

내가 이렇게 강요(?) 비슷하게 3분 스피치를 시키는 이유는, 개인적으로나 사회생활에서나 자기 생각을 제한된 시간 내에 쉽고 조리 있게 설명하는 능력이 점점 더 중요해지고 있기 때문이다. 그럼에도 학교나 직장에서 이런 훈련을 받을 기회는 별로 많지 않다.

요즘 젊은이들은 그래도 우리 세대보다는 나은 편이다. 나와 비슷한 세대들은 주어진 시간 내에 자기 생각을 표현하는 데 무척이나 서투르다. 동창회 같은 개인적인 모임에 가면 우선 술부터 먹고 술의 힘으로 대화를 시작한다. 대부분 말을 하는 사람은 정해져 있고, 나머지 사람들은 침묵은 금이라고 생각하는지 듣기만 한다. 직장에서도 마찬가지다. 회의에서도 정해진 발표자 외에는 윗사람 혼자서만 말하는 경우가 대부분이다. 다른 참석자들은 말을 하면 흠이라도 잡힐 거라 생각하는지, 상사가 말을 시켜야만 마지못해 입을 여는 경우가 많다.

하지만 우리가 사는 세상은 대화가 없이는 돌아갈 수 없다. 가정에서 부부사이는 물론이고 직장에서도 윗사람은 아랫사람에게, 아랫사람은 윗사람에게 자기 생각을 제대로 설명할 수 있어야 한다. 기업은 투자자와 소비자에게, 정부는 국민에게 정부가 갖고 있는 생각을 잘 설명할 수 있어야 한다. 이때 일방적인 웅변조가 아니라, 상대의 눈높이에 맞추어 잘 들어가면서 대화하는 방식이어야 한다. 기업에서도 지금까지는 회사가 시키는 대로 묵묵히 맡은 일을 잘 해내는 직원을 높이 평가해왔지만 이제는 사정이 달라졌다. 자기 생각을 적극적으로 밝히고 주위를 설득하는 능력이 중요시되고 있다.

오늘날은 전문가의 시대라고들 한다. 보통 전문가라고 하면 거창한 이론적인 지식이나 유창한 외국어 능력 등 화려한 스펙을 떠올린다. 그러나 전문가에게 가장 필요한 자질 중 하나는, 자기의 전문분야를 제한된 시간 내에 보통 사람들이 이해할 수 있도록 설명하는 능력이 아닐까?

'엘리베이터 스피치'라는 말이 있다. 엘리베이터에서 윗사람을 만났을 때 그가 타고 내리는 시간 동안 자신의 생각을 효과적으로 전달하는 것이다. 성공한 세일즈맨들 중에는 엘리베이터 스피치에 능한 사람들이 많다고 한다. 요즘 세상은 과거보다 대단히 빠른 속도로 흘러가기에, 시간의 개념이 과거와는 사뭇 다르다. 주어진 시간 내에 자신의 생각을 조리 있게 설명하는 능력은, 단순히 말 잘하는 능력 이상의 것이다.

말을 잘하는 능력이 중요해진 이유는 한 가지 더 있다. 핵심적인 비즈니스가 대부분 프레젠테이션을 통해 이루어지기 때문이다. 지금은 고인이 된 스티브 잡스를 얘기할 때도 빠지지 않고 등장하는 것이 그의 프레젠테이션 능력 아닌가. 프레젠테이션은 자료도 자료지만, 자신이 하고자 하는 이야기를 인상적이면서도 쉽게 전달해 상대의 마음을 움직일 수 있어야 한다.

자신의 생각을 표현하는 데는, 말도 중요하지만 그에 못지않게 글도 중요하다. 디지털 시대가 되면서 아이러니하게도 글쓰기 능력이 더 중요해지는 것 같다. 글은 자신의 생각을 잘 정리해서 상대방을 설득하는 가장 좋은 방법이다.

게다가 세상의 모든 콘텐츠는 처음 '글의 형식'으로 태어난다. TV 드라마도 대본이 있어야 제작이 가능하고, 영화도 시나리오가 있어야 한다. 회사에서도 마찬가지다. 대부분의 고위급 경영진들은 매우 바쁘다. 회의도 많고 만나야 할 사람도 많다. 골프도 쳐야 하고, 고객과 저녁 술자리도 해야 한다. 그들에게 나만을 위해 시간을 자주 내달라고는 할 수는 없는 노릇. 그래서 잘 정리된 보고서가 중요한 것이다. 한두 페이지로 자신의 생각을 압축해 표현하는 능력이 없으면, 경영진을 설득하기 어렵다는 점을 잊지 말자.

프로 직장인,
이것만은 기억하라

"직원 5명 이상을 거느리고 월급을 주는 사람은, 아무리 성질이 더러워도 욕하지 않는다."

사석에서 사업하는 사람들을 만나면, 반쯤은 우스갯소리로 반쯤은 정말 존경하는 마음을 담아 하는 얘기다. 기업가는 인생을 걸고 사업을 한다. 실패했을 때 치러야 할 대가가 너무도 크기 때문이다. 나는 내게 사업가가 될 자질이나 능력이 없는 것을 일찌감치 알고는, '프로 직장인'으로 살겠다고 마음을 먹었다. 프로 직장인이라고 해서 반드시 엄청난 스펙이나 자격증을 갖춰야 하는 것은 아니다. 앞에서 말한 '전문가'와 마찬가지다. 물론 자격증이 있는 것이 없는 것보다야 좋겠지만, 자격증이 프로 직장인을 판가름하는 잣대는 될 수 없다.

예전보다 세상이 좋아졌다고들 하지만, 요즘 젊은이들을 보면 안쓰러운 마음이 앞선다. 어렵게 공부하고 열심히 스펙을 쌓았는데 취업의 문턱은 높기만 하다. 과거에는 소위 SKY대를 나오면 취업도 쉽게 하고 조직 내에서 승승장구할 수 있었다. 시험을 잘 보는 능력이 사회에서 큰 비중을 차지했던 시기다. 그러나 지금은 사정이 달라졌다. 스펙보다는 '스토리'를 쌓아야 하는 시대가 되었기 때문이다. 취업이 어렵다는 불안감에 너도나도 스펙을 쌓는 데만 열을 올리지만, 현 시대에 필요한 인재는 스토리텔링, 이야기가 있는 사람들이다. 이야기가 없는 상품이 성공할 수 없는 것과 마찬가지다. 애플이라는 기업에는 스티브 잡스라는 사람의 스토리가 존재하고, 나이키에도 '승리의 여신 니케'라는 브랜드 스토리가 존재한다. 세상의 모든 성공에는 반드시 스토리가 존재한다. 직장인도 마찬가지다. 단순히 '아무개'로만 기억될 것이 아니라, 무엇을 잘하고 무엇에 밝은 누구라는 스토리로 기억되어야 한다. 스스로 스토리텔러, 스토리 크리에이터가 되지 않으면, 성공한 사회인이 될 수 없다.

성공한 직장인? 금융부터 배워라

●

후배 직장인들을 보면 외국어 공부나 체력관리에는 열을 올리면서도, 정작 금융 관련 지식은 등한시하는 이들이 적지 않다. 영어공부나 건강을 챙기는 것이 나쁘다는 게 아니다. 하지만 기업의 가장 큰 목적은 이윤 추구이고, 이윤을 남기려면 금융에 대해 반드시 알아야 한다. 회사에 다니는 직장인이 금융에 대해 공부하는 것은 지극히 당연하지 않은가.

회사를 위해서만이 아니라 개인적으로도 금융 관련 지식은 반드시 습득해둘 필요가 있다. '금융'을 알아야만 인적자산 외에 자신의 자산을 증식할 수 있기 때문이다.

특히 젊은 직장인에게는 자산을 효율적으로 운용할 수 있는 지식, 그중에서도 투자에 대한 공부가 필요하다. 지금은 리스크가 따른다 해도 고수익을 기대할 수 있는 투자상품을 운용하지 않으면 자산을 늘리기 어려운 시대다. 자산을 저축상품에 주로 운용한 직장인과 공부를 해서 투자상품에 운용한 직장인은, 10년 혹은 20년 후에 엄청난 차이를 드러낼 것이다.

기업의 간부로 성장하기 위해서라도 금융 지식을 갖출 필요가 있다. 기업의 간부로 성장하려면 자기 회사가 어떻게 자금을 조달해서 투자를 하여 이익을 내고 있는지를 파악할 수 있을 정도의 금융지식을 갖고 있어야 한다. 이 분야에 대한 지식이 없이는, 기업의 고위 간부로 성공하기 어려운 것이 현실이다.

이런 내용은 미국과 일본 대기업의 CEO가 어떤 업무에 종사해온 사람인가를 비교한 자료를 보면 보다 확실하게 알 수 있다. 미국기업 최고경영자 출신을 보면, 재무 출신이 26%로 가장 높은 비중을 차지하고 있다. 영업·마케팅 부문이 22%, 기술·엔지니어 출신이 19% 등으로 그 뒤를 잇는다. 다시 말하면 미국의 대기업에서는 CFO(Chief Financial Officer, 최고 재무 책임자)가 CEO로 등용될 확률이 가장 높다는 뜻이다. 영업이나 기술 부문 출신이 CEO가 된 경우에도, 재무 부문에 대한 소양을 어느 정도 갖추고 있지 못하면 유능한 CEO가 될 수 없다.

미국에서 CFO의 역할이 이렇게 중요해진 것은 미국 기업의 금융구조와 관련이 있다. 미국의 기업은 많게는 연간 외부자금 조달액의 90% 정도를 증권시장에서 조달한다. 다시 말해 주식, 채권, CP(기업어음) 등의 유가증권을 투자자들에게 팔아서 직접 조달하는, 이른바 '직접금융' 중심의 금융구조를 취하는 것이다. 자연히 CEO는 경영의 목표를 주주 이익과 주가 상승에 두게 된다. 철저하게 주주 이익을 중심으로 경영할 수밖에 없는 구조인 셈이다. 수익률이 뒷받침되지 않아 주가가 떨어질 것 같으면, 과감하게 사업구조를 개편한다. 그뿐 아니라 경영진은 많은 시간을 투자자와의 대화에 할애해, 자기 회사에 대한 시장의 평가를 높이기 위해 노력을 아끼지 않는다. 한마디로 주주 중시 또는 주가 중시 경영이라고 할 수 있으며, 이런 일을 주도하는 것이 CFO의 역할인 것이다. 이런 CFO의 역할을 감안할 때, CFO는 CEO의 등용문이라 해도 과언이 아니다.

같은 대기업이라 하더라도 일본은 이와 조금 다르다. 앞서 소개한 조사 결과에 의하면, 일본의 대기업에서 CFO가 CEO로 등용된 경우는 3%밖에 되지 않는다. 기술·엔지니어 출신 24%, 영업·마케팅 출신 19%와는 비교가 되지 않을 정도로 낮은 수치다. 일본 기업에서 CFO의 역할이 이렇게 크지 않은 것은 역시 기업의 금융구조와 관련이 있다. 일본의 경우 1990년대 초반까지만 해도 연간 외부자금 조달액에서 직접금융이 차지하는 비중은 20% 정도에 지나지 않았다. 나머지는 금융기관으로부터 돈을 빌려오는 간접금융 중심이었던 것이다. 따라서 일본기업에서 CFO는 회계장부나 정리하고 금융기관에서 자금이나 빌려오는 역할이라는 인식이 지배적이었다. 자연히 CEO로 등용될 기회 또한 제한될 수밖에. 그런데 일본기업도 2000년대에 들어서면서 크게 달라지기 시작했다. 기업금융의 구조가 간접금융 중심에서 직접금융 중심으로 바뀌고 있고, 그 영향으로 주주 중시 경영이 기업경영의 큰 과제로 대두되었다. 그뿐 아니라 M&A(기업 인수 및 합병) 등의 투자업무가 확대되면서, 일본의 최고경영자에게도 기업가치 평가 등과 같은 증권 관련 지식은 이제 필수과목이 되었다. 최근에는 일반 사원에게도 기업 재무 및 증권시장 관련 연수를 시키는 기업들이 늘어나는 추세다. 기업의 간부라면 반드시 금융에 훤해야 한다는 생각이 자리잡고 있는 것이다.

우리나라의 금융구조도 미국 정도는 아니지만, 일본보다는 빠른 속도로 투자의 시대, 즉 직접금융 시대로 변하고 있다. 최근 국내 대기업에서 CFO가 CEO로 등용되는 사례가 늘고 있는 것도 이러한 변화와 관련이 있다. 이제 직장인은 개인 자산운용뿐 아니라 조직에서의 성공을 위해서라도, 금융지식을 일정 수준 이상으로 높여야 할 것이다.

살아 있는 독서, 강연을 들어라

인문학이 경쟁력이다, 인문학의 부활, 인문학에서 경영을 배우다···. 수년 넘게 언론에서 자주 다뤄온 주제들이다. 흔히 문·사·철로 표현되는 인문학 공부가 사회적 유행이 된 지 오래다. 과거에는 특정 분야에만 정통하면 성공할 수 있었지만, 이젠 사회가 복잡다기해지면서 인간에 대한 깊은 이해가 없으면 이런 복잡성의 시대를 헤쳐 나갈 수 없다는 인식이 확산되는 것 같다.

인문학적 소양을 넓히는 가장 좋은 방법은 독서다. 그래서인지 독서를 주제로 한 책이 잘 팔리는 등, 독서의 저변이 확대되고 있다. 그런데 이런 흐름이 긍정적인 면만 있는 건 아니다. 독서 스트레스가 그것이다. 책을 읽고 싶어도 정말 시간이 없거나 집중력을 발휘할 수 없는 사람들도 있다. 사실 나도 직장에서 한창 혈기왕성하게 일하던 젊은 시절에는 책을 그리 많이 읽지 못했다. 책은 많이 사는 편이지만, 사는 것에 비례해 다독가多讀家 취급을 받을 정도는 아니었다.

그래서 나는 독서 스트레스를 받는 사람들에게 일단 독서를 해야 한다는 강박관념에서 벗어나라고 말한다. 스트레스를 받는다고 책을 더 많이 읽는 것도 아니지 않는가. 스트레스를 받으나 안 받으나 어차피 읽지 못하는 건 매한가지다. 나는 책을 가까이 하지 못하는 친구들에게 부족한 독서량을 보충할 방법으로 '강연'을 추천하곤 한다. 강연도 시간을 내야 들을 수 있는 것이지만, 회사 동료들과 함께 갈 수도 있고, 멘토가 될 만한 명사나 전문가를 직접 만날 수 있다는 점에서 독서와는 또 다른 묘미가 있다.

나는 고등학교 시절부터 유명 강연을 쫓아다니곤 했는데, 딱히 특별한 이유가 있었던 것은 아니고 어린 시절의 지적 호기심이었던 것 같다. 대학 때는 사상가 함석헌 선생, 유명 경제학자였던 고려대 조동필 교수 등의 강연회를 쫓아다녔다. 지금도 기억나는 강연회 중 하나가 대학 시절에 들은, 당시 민주화 진영을 대변했던 김동길 연세대 교수와 조선일보 주필을 역임한 보수논객 선우휘 선생의 논쟁이었다. 임어당 선생의 강연을 들은 것도 이 무렵이다. 오늘날에도 여러 논객들이 언론에 나와 보수와 진보를 대변하기 위해 언어의 수사를 구사하는 것을 보면, 인간의 정치적 이념이라는 게 과거나 지금이나 본질은 크게 변하지 않는 듯하다.

또 다른 기억도 있는데, 1980년의 일이다. 청계천 근처에 위치한 삼일빌딩에서 전국경제인연합회(전경련)가 주최한 '전환기의 한국경제'라는 세미나에 참석한 적이 있다. 그때는 증권사 본사가 대부분 서울 명동에 있었기에 거리도 가까웠던 데다, 무슨 이야기가 나올까 하는 막연한 호기심에 참석하게 되었다. 지금이야 증권사들이 여의도에 모여 있지만 당시만 해도 명동이 우리나라 증권의 1번지였다. 그런데 세미나가 끝날 무렵 제일 앞자리에 앉은 사람이 마치 신라시대 이두문자처럼 삐뚤빼뚤 쓴 글씨의 메모를 읽으면서, 조목조목 현실적이고 논리적인 주장을 펼치는 것이 아니겠는가. 바로 현대그룹 창업자 정주영 회장이었다.

대단히 깊은 인상을 받았기에 회사에 돌아가 윗사람에게 보고했더니, 당시 상사가 다음과 같은 이야기를 해주었다.

"100만 명 근로자 중에서 정 회장은 가장 큰 성공을 이룬 사람이야. 그가 무학無學이라 하더라도 그 정도 성취를 이뤘다면 어떤 학자들의 이야기보다도 들을 가치가 있는 것이지."

지금도 그 상사의 이야기가 귀에 생생하다. 흔히 우리는 학교의 우등생이 사회의 우등생이 될 거라 믿고, 지나치게 많은 투자를 하는 경향이 있다. 그러나 내가 직장생활 40년 동안 느낀 것은 학교의 우등생과 사회의 우등생이 반드시 일치하지는 않는다는 것이다. 사회생활을 하려면 좋은 머리도 중요하지만, 의지와 인내심 그리고 열정과 같은 인성人性과 관련된 재능이 빛을 발할 때가 훨씬 많다.

나 역시 강의를 많이 하는 편이지만, 지금도 유명 강사들의 동영상 강의를 자주 본다. 한 분야에서 일가를 이룬 사람들의 강의인지라 배울 것이 많이 있기 때문이다.

요즘은 인터넷 덕분에라도 과거보다 강연을 들을 기회가 훨씬 많다. 워낙 자기계발 열풍이 거세서인지 직장인들을 위한 오프라인 강연도 예전보다 활발한 편이다. 독서 스트레스에 시달리고 있다면, 강연을 활용해보는 건 어떨까. 살아 있는 독서의 생생한 현장을 실감할 수 있을 것이다.

공든 탑도 무너뜨리는 '평판'

●

지금의 시대를 한마디로 정의하자면 '불확실성의 시대'라 할 수 있을 것이다. 직장인들에게 불안감을 불러일으키는 가장 큰 요소는, 종신고용이 무너진 후 퇴직 시점을 예측할 수 없게 됐다는 점이다. 직장인의 장점은 상대적으로 적은 리스크를 안고 안정적인 삶을 살 수 있다는 것이었는데, 이제는 그러한 방정식이 더 이상 통하지 않는다. 안타깝기 그지없지만 이런 현실을 나 혼자 힘으로 바꿀 수도 없다. 그에 적응할 수 있는 능력을 키우는 것이 먼저인 셈이다.

'불확실성의 시대'나 '유목민의 시대'에는 평판, 즉 브랜드의 중요성이 커진다. 안정적으로 성장하던 시기에는 시간이 곧 성장이었다. 나이가 들면 승진하고 그에 맞춰 수입도 늘어났다. 하지만 오늘날은 브랜드 가치가 없으면 이런 기회를 얻기 어려운 세상이 되어버렸다.

사회 초년생 시절에는 평판 같은 것에 대해 큰 고민이 필요치 않다. 일만 열심히 하면 좋은 평가를 들을 수 있다. 하지만 과장 정도의 직급부터는 사정이 달라진다. 내부 승진이나 이직을 할 때도, 소위 '레퍼런스 체크'가 이뤄진다. 그 사람에 대한 평판을 공식적·비공식적으로 조회하는 것이다. 그런데 평판을 쌓기까지는 오랜 시간이 걸린다. 단박에 쌓을 수 있다면 한순간 노력하면 된다지만, 좋은 평판이나 좋은 브랜드는 시간의 힘을 거쳐야 생겨난다.

내가 미래에셋투자교육연구소장으로 자리를 옮긴 후 2개월쯤 지난

뒤의 일이다. 두 곳의 증권회사에서 사장 자리를 제안해왔다. 그래서 혼자 지금까지 증권·투자업계에서 일하면서 겪은 경험을 돌아보고, 내가 앞으로 해야 할 일이 무엇인지를 곰곰이 숙고해보았다.

나는 그때까지 자산운용사의 사장을 두 번 지낸 경험이 있다. 그때 알게 된 것은, 우리나라 대기업의 자회사에서는 증권·자산운용사의 CEO 역할을 제대로 하기가 힘들다는 것이다. 증권·자산운용업의 특성과 본질을 대주주가 제대로 이해를 하고 있거나 이해하고 있지 않더라도 대주주를 만나 이해시킬 자신이 있어야 하는데, 나는 그 일에 자신이 없었다. 실제 우리나라 대그룹 대주주 중에서 증권·자산운용업의 본질을 제대로 이해하는 분이 몇 분이나 되겠는가. 그리고 계열사 사장으로 1년에 한두 번 대주주를 만나는 기회가 있을까 말까 한 형편인데 어느 세월에 설득을 할 수 있겠는가.

또 하나는 평판을 의식했기 때문이다. 투자교육이 중요하다고 마치 대단한 사명감을 가진 것처럼 떠들고 다니더니, 금세 좋은 자리가 생겼다고 박차버리고 갔다는 평판을 들을까 봐 두려웠다.

내 고민을 같은 업계의 지인 몇몇에게 털어놓았더니, 대부분 "무슨 투자교육연구소냐? 당연히 사장 자리로 가야지."라는 반응을 보였다. "투자교육연구소장 맡은 지 두 달밖에 되지 않아 갈 수가 없다"고 하니, 쓸데없는 고민이라고 일축하는 이도 있었다. 아내 역시 연구소장보다는 사장이 더 폼 나고 좋은 자리이니, 내심 그 제안을 받아들이기 원하는 눈치였다.

지금 돌이켜보면 평판을 생각해서 가지 않은 게 정말 잘한 일이라고 생각한다. 이때 내가 깨달은 게 하나 있다. 지위가 올라갈수록 평판에 대한 체크가 끊임없이 이뤄지는데, 평판을 쌓기는 어려워도 무너지는 건 한순간이라는 사실이다.

또 하나 덧붙이고 싶은 것은 언론 기고 등 '대외 활동'에 관한 것이다. 여기에 해당되는 독자도 있을 것이고 그렇지 않은 독자들도 있겠지만, 해당되지 않더라도 평판에 대한 하나의 사례라고 생각하고 읽어주었으면 한다. 자기 브랜드를 확립하는 데 언론 기고 등의 활동은, 분명 아주 좋은 방법이다. 특히 요즘 같은 시대에는 자신의 생각을 일목요연하게 정리해 남을 설득하는 능력이 중요하기 때문에, 언론 기고를 할 정도라는 것은 일정 부분 전문가 수준까지 올라왔다고 볼 수도 있다.

그러나 이런 대외활동에는 꿀만 있는 게 아니다. 독毒도 있다. 직장 생활을 하면서 언론을 잘못 활용해 조직에서 매장당하는 경우를 적지 않게 봐왔다. 흔히 얘기하듯이 경계선을 잘 타는 것이 중요하다. 대외활동을 나 혼자 잘나서 하는 것이 아니라 회사와 주변의 도움으로 하는 것이라는 인식을 갖고, 회사에 기여하기 위해서라는 인상을 심어줄 수 있도록 끊임없이 노력해야 한다는 것이다.

최악의 평가는 조직 내에서 '자기 일은 안 하고 매스컴만 타는 사람'이라는 평가를 듣는 것이다. 이런 평판이 돌면, 조직 내에서 성장하기란 거의 어렵다고 봐도 좋다. 만일 대외활동을 하게 되는 기회를 얻는다면, 부수입이 생길 경우 주변 사람들에게 밥도 사고 술도 사야 한다. 그럴수록 회사 일을 빠짐없이 하겠다는 단단한 각오는 기본이다. 사람이 모든 것을 가질 수는 없는 법이다.

좋은 평판은 먼저 남에게 베풀어야 한다는 마음을 가질 때 생겨나는 것 같다. 결국에는 자신이 먼저 다가가야 한다. 나는 가끔 후배들에게 엄청난 천재나 재벌의 자식으로 태어난 게 아니라면, 하나를 잃어야 하나를 얻는다는 말을 하곤 한다. 사람을 만나거나 일을 할 때 '에이, 내가 왜 이런 일을 해야 돼'라는 생각보다, 즐거운 마음으로 먼저 준다는 생각을 해보자. 물론 쉽지는 않겠지만 말이다.

직장 내 인사人事, 어떻게 봐야 하나

●

회사에서 인사人事를 두고 만사萬事라고 한다. 인사가 기업경영의 처음이자 마지막이고, 알파와 오메가라는 얘기다. 그런데 회사의 인사라는 게 항상 내가 원하는 대로 되는 것도 아니고, 스스로 내린 평가와 회사의 평가가 다른 경우가 부지기수다. 회사의 모든 인사에는 항상 불만이 생길 수밖에 없다.

나 역시 인사에서 소위 '물을 먹었다'는 상황을 몇 차례 겪은 적이 있다. 그때마다 내게 힘이 되어준 말이 있다. 1973년 10월 증권거래소에 입사 지원서를 제출하러 갔을 때 들은 말이다. 서류를 접수하던 나이 지긋한 대리 한 명이 통화를 하고 있었는데, 아마도 인사 시즌이었던 것 같다. 전화 너머의 상대방이 인사에 대해 불평을 하고 있던 모양인데, 서류를 접수하던 대리의 말이 아직도 생생하다.

"여보쇼. 인사라는 것은 설사 섭섭한 일이 있더라도 자신에게 유리하게 해석하고 빨리빨리 잊어버리는 게 좋은 거요."

대우증권에 근무하던 시절, 국제 본부장을 맡았을 때의 일이다. 당시 우리나라 증권사들은 경험도 별로 없으면서 국제화·현지화를 목표로 해외투자를 하고 있었다. 내가 국제 본부장으로 근무하고 있을 때 투자 손실이 발생했다. 통상 기업에선 이런 실패가 발생하면 누군가가 책임을 져야 하는 법. 내가 책임을 져야 하는 상황이 되어버렸기에, 혼자 끙끙 앓고 잠도 자지 못했다. 결국 그 투자 실패에 대한 책임을 지게 되었고, 국제 본부장에서 리서치 본부장으로 보직이 변경되었다. 처음에는 무척이나 스트레스를 받았다. 이대로 직장생활이 끝나는 건 아닌지 하는 불안감마저 들었다. 그런데 시간이 지나면서 잠도 잘 오고 마음이 편해졌다. 내가 책임지는 선에서 사건도 잘 수습이되었고, 나도 그 사건으로부터 자유로워졌던 것이다. 그로부터 얼마 후 97년 말에 외환 위기가 발생했다. 만일 내가 그 사건을 덮어두고 자리를 보전하는 데 급급했다면, 나도 회사도 더 나쁜 상황에 빠졌을 것이다. 리서치 본부장과 함께 홍보업무도 함께 하다 보니 언론을 접촉할 일도 많아졌고, 내 주장을 언론에 피력할 기회도 얻게 돼 오히려 전화위복이 되었다. 이때 다시 한 번 입사 서류를 내던 시절 들었던, '인사라는 것은 섭섭한 일이 있더라도 자신에게 유리하게 해석하고 빨리 잊으라'는 말이 큰 도움이 되었다.

투자교육업무를 하게 된 계기도 내게 유리하게(?) 상황을 해석한 것이 큰 힘이 되었다고 생각한다. 내가 있던 회사가 외국계 회사로 인수되면서 남은 11개월 동안 '투자교육연구소장'으로 일했던 것도, 어찌 보면 내게 상황을 유리하게 해석한 것이라 볼 수 있다.

직장생활을 하다 보면 자신의 뜻대로 되지 않는 일이 많다. 특히 인사 문제가 그렇다. 설사 지금 자신에게 좋지 못한 인사 조치가 있다 해도, 그 상황을 자신에게 유리하게 해석하는 것이야말로 에너지 낭비를 막고 새로운 기회를 얻는 길일 것이다.

내 인생의
말! 말! 말!

　　흔히 누구를 만나느냐에 따라 자신의 인생이 크게 달라진다고들 말한다. 나는 사람뿐 아니라 '말'도 우리 인생에 큰 영향을 미친다고 믿는다. 살다 보면 어떤 말을 듣거나 어떤 상황을 경험할 때, 그 말이나 상황이 갑자기 '퉁!' 하고 머리를 치듯이 확 빨려들어올 때가 있다. 흔히 하는 시쳇말로 '필이 꽂힌다'는 것이다.
　　나에게도 지금껏 다른 사람의 말이나 글에 필이 꽂힌 적이 몇 차례 있다. 이는 직장생활 내내 나를 지탱해주는 좌우명이 되어주었다.

　　"인간은 타인의 눈길에서 지옥을 경험한다. 남의 눈을 의식하는 데서 벗어나는 게 얼마나 중요한지 모른다."

대학 시절에 다니던 경동교회의 강원룡 목사님이 설교 중 인용한 프랑스의 실존주의 철학자 장 폴 사르트르의 말이다. 인간은 집단 본능이 있기 때문에 다른 사람을 의식하지 않을 수 없다. 남들과 비교했을 때 그들과 다르게 보이는 것을 두려워한다. 하지만 보람 있는 후반 인생을 살아가려면, 남의 눈을 의식하지 않는 것도 매우 중요하다. 나이가 들수록, 지위가 높아질수록 남들의 시선을 신경 쓰기보다 자기만족과 보람을 추구하며 살아갈 수 있어야 할 것이다.

"인사人事라는 것은 설사 섭섭한 일이 있더라도, 자신에게 유리하게 해석하고 빨리빨리 잊어버리는 게 좋은 거요."

직장생활을 하다 보면, 자신의 바람이나 의지와 달리 좌천을 당할 수도 있다. 인생은 결코 탄탄대로가 아니다. 굴곡이 있는 법이고, 직장생활도 예외는 아니다. 회사에서 인사 때문에 불이익을 당했다 하더라도, 하루 빨리 그 상황을 자신에게 유리하게 해석하고 잊어버리는 게 좋다. 살다 보면 좋지 못한 일이 새로운 기회를 만들어줄 수도 있다.

중국에 어느 유명한 재상이 있었습니다. 근검절약이 몸에 밴 청빈의 삶을 산 명재상이었습니다. 그런데 그 아들은 아버지와 달리 사치스럽기 그지없었습니다. 주변 사람들은 명재상인데 아들은 제대로 가르치지 못한다며 수군거렸습니다. 그 얘기를 들은 명재상은 이렇게 말했습니다.

"나는 농민의 아들이고, 내 아들은 재상의 아들이다. 농민의 아들인 나는 근검절약이 몸에 밴 게 당연하다. 그러나 내 아들은 재상의 아들로 태어나 물질적으로 풍요하니 사치스러운 게 당연한 것 아닌가. 나는 농민의 아들로 태어난 것을 감사하게 생각한다."

대만의 세계적인 석학이자 수필가였던 임어당 선생의 강연회에서 들었던 얘기다. 나는 자녀교육에 대해 이야기할 때마다 이 말을 떠올린다.

'인생 100세 시대의 자산관리와 생애설계'라는 주제의 강연을 하면서 많은 부모들을 만나게 된다. 그런데 너무도 많은 이들이 자녀교육, 특히 사교육에 치중하다 보니 정작 자신의 후반 인생을 준비하지 못하고 있다.

어쩌면 노후준비는 경제적인 측면이 아니라, 의식을 개혁하는 운동에 가까운지도 모른다. 우리나라 부모들은 본인이 고생을 하고 자라서인지, 자식들은 자신보다 더 잘살기를 바라는 마음이 다른 나라에 비해 매우 강한 것 같다. 이를 위해 가계경제의 대부분을 자식을 위해 쓴다. 그러나 과연 그렇게 한다고 해서 우리 아이들이 행복해지고, 독립적인 존재로 성장할 수 있을까?

"스스로 기회를 만들어서 그 기회를 통해 자신을 바꿔 나가자."

일본의 정보·취업 컨설팅 회사인 리쿠르트의 사훈(社訓)이다. 나는 일본 도쿄의 리쿠르트 사옥에서 이것을 보는 순간, 나의 좌우명으로 삼았다. 인간에게는 누구나 장점과 단점이 있다. 인생에서 엄청난 충격이나 경험을 하지 않는 한, 사람의 성격이나 본성은 변하지 않는 것 같다. 스스로 약점을 고치기 위해 노력한다고 쉽게 고칠 수도 없다. 그렇다고 자신을 방치하라는 것은 아니다. 자신의 약점을 잘 알고, 스스로 자신을 속박해 어쩔 수 없는 상황을 만들어서 조금씩 발전해 나가야 한다.

― 에필로그 ―

지금 당신의 모습이
노후를 만든다

'지금의 장년이 노인이 되었을 때는 이곳 풍경과는 다르리라. 교양 있고 건강하고 활기찬 모습으로 인생의 말년을 보내게 되리라. 하지만 품위 있고 아름다운 노년은 하루아침에 이뤄지는 것이 아니다. 이곳 노인들의 외롭고 쓸쓸한 노후를 바라보며 오늘의 장년들에게 전하고 싶었다. 내일, 스산한 바람 불어오는 갈대밭에 서서 허송세월을 후회하는 노년이 되지 말라고.'

감명 깊게 읽었던 《반만 버려도 행복하다》는 책에 나오는 대목이다. 교사와 잡지사 기자로 활동했던 저자는 노인요양시설에서 10년 남짓 생활하면서, 다양한 계층과 모습의 노인들이 사는 모습을 지켜보았다고 한다. 그러한 과정에서 품격 있는 노후를 보내는 것이 얼마나 힘든지 깨닫게 되었고, 그러한 깨달음을 미래에 노인이 될 중장년층에게 전하고 싶어서 책까지 썼다는 것이다.

내 책을 마무리하는 글에 남의 책을 언급하는 것이 조금은 생뚱맞아 보일지 모르지만, 나 역시 내 경험을 통해 제대로 된 노후를 보내는 것이 얼마나 중요한지를 전하고 싶었다. 인간은 누구나 늙는다. 자연히 언젠가는 노후를 맞이하게 된다. 그런데 안타깝게도 노후라고 하면, 많은 젊은이들이 아주 먼 이야기처럼 받아들인다. 평균수명이 길어지면서 노후를 무조건 어둠의 그림자처럼 부정적인 뉘앙스로 바라보는 시선도 적지 않다. 심지어 오래 살게 된 덕분에(?), 마지못해 살아야 하는 시간처럼 짐스럽게 여기는 이들도 있다.

하지만 노후는 결코 여분으로 주어진 시간이 아니다. 더구나 인생 100세 시대가 도래하면 노후는 점점 더 주된 삶의 형태로 자리 잡을 수밖에 없다. 얼마 전 유럽 선진국들의 할아버지 1명이 자살할 때 우리나라 할아버지는 5명이나 자살한다는 기사를 읽은 적이 있다. 엄청나게 못 사는 나라도 아닌데, 우리나라의 노인 자살률이 이처럼 높은 것은 노인 빈곤율과 밀접한 관련이 있다. 보건사회연구원의 정책보고서에 의하면 우리나라의 65세 이상 인구의 빈곤층 비율은 45%로, OECD 가입국가 중에서 가장 높다고 한다. OECD 30개국 평균인 13%보다 3.4배나 많은 수준이다. 배우자 없이 혼자 사는 노인의 빈곤율은 무려 76%에 달한다고 한다. 이처럼 가난하고, 외롭고, 병이라도 걸리면 우울해지기에, 결국 기댈 곳 없는 노인들이 자살이라는 극단적인 선택을 내리는 것이다. 이제는 자식들이 지극정성으로 자신을 키워준 부모를 모시는 시대도 아니요, 정년까지 근무하고 아름다운 마무리를 할 수 있는 시대도 아니다. 한국은 그 어느 나라보다 극심한 노후 불안을 호소하고 있다.

    지금 우리에게 필요한 것은 노후에 대한 인식의 전환이다. 노후를 사회의 뒤편으로 물러나 가만히 생의 마지막을 기다리는 시간쯤으로 생각해서는 결코 안 된다. 인간은 누구나 늙는다는 사실을 받아들이되, 경제적으로 그리고 정신적으로 가장 풍요롭고 활기찬 시간이 노후이자 노년임을 잊지 말아야 한다. 물론 우리네 인생이 그렇듯 아름다운 노후를 보내는 것이 말처럼 쉽지만은 않을 것이다. 자식들 키우고 하루하루 살기도 힘든 마당에, 미리미리 노후를 챙기기가 어디 만만한 일이던가. 하지만 그럴수록 젊은 시절부터 부단한 노력을 해야 한다. 노후를 먼 나라 이야기쯤으로 생각지 말고, 인생설계에서 빼놓을 수 없는 주된 테마로 인정하고 차근차근 계획을 세워보자. 그러한 계획을 세우는 데 미약하나마 도움이 되었으면 하는 마음에서 이 책을 쓰게 되었다. 부족하지만 책장을 덮을 때쯤이면 그 무엇보다 긍정적인 자극이 되었으면 하는 바람이다. 아울러 모든 분들의 삶과 노후가 더더욱 풍요롭고 아름답기를 기도하면서 글을 끝맺고 싶다.

강창희

찾아보기

3분 스피치	259, 260	노노상속	117, 119
3층 연금	119, 173, 176, 205	목적자금	30
CFO	266, 267	무연사 예비군	115, 116
DB형	183~185	반전세	166, 167
DC형	182, 185	변액연금보험	221, 222
FP	221, 222, 223, 226~229	변액유니버셜	220~222
NPO	92~95, 101	보장성 보험	196
간접금융	267	부동산 투자	174
고독력	38, 41~43	분산투자	167, 169, 186, 199, 200, 203, 206, 209, 210, 212~215, 218, 219, 225
고독사 孤獨死	108		
고령화 사회	6, 19, 20, 36, 59, 114, 117, 158		
		생애미혼율	35
고용 정년	52, 68, 96	생활자금	30
고용정년	8	손익계산서	29, 30
구매난민	37	순자산	25, 145, 146
국민연금	22, 30, 31, 119, 172, 175~179, 195, 205	실손 보상보험	47, 48
		어린이 펀드	139~141
기초노령연금	177, 178	엘리베이터 스피치	261
나리타 이혼	59	여유 자금	147

여유자금	22, 30, 144, 153		적립식 펀드	194, 213, 217, 218, 220
역모기지론	163		정액 보상보험	47, 48
연금 소득세	195, 196		종신 지급방식	163
연금 패러사이트 parasite	115		종신 혼합방식	163
연금소득세	194		종신형 연금	31
연금저축	179, 195		주가연계증권(ELS)	200
연금저축보험	179, 180		주택 보급률	160, 161
연금저축펀드	180		주택연금	119, 149, 162~164
인생 정년	52, 68		직접금융	266, 267
인적자산	202~204		차일드트러스트펀드	141
인출 전략	148, 149		(CTF, Child Trust Fund)	
인플레이션 리스크	187, 192		채권형 펀드	31, 214, 215
임대사업	164, 165		청소년개인저축 Junior ISA	141
자녀 리스크	104, 106, 110, 111, 113,		퇴직연금	9, 30, 119, 175, 176, 181~
	121, 128, 132, 134, 137			183, 185, 186, 195, 205
자문형 랩	200		트레이딩 주머니	207~209
자산형성 주머니	207~210, 213		포트폴리오	184, 211, 213, 214, 225
장수 리스크	21		한국해비타트	92, 93
저축 주머니	207, 209			

사장의 일
하마구치 다카노리 지음 | 김하경 옮김 | 15,000원

사장이 흔들리면 회사가 흔들린다! 사장은 직원의 생계와 미래를 모두 책임져야 하는 막중한 자리다. 이 책은 사장이라면 마땅히 품어야 할 사명과 더불어, 책임을 현명하게 감당하게 해줄 지혜의 말을 담고 있다. 현역 사장에게는 조직의 앞날을 내다볼 통찰이, 사장이나 리더를 꿈꾸는 이들에게는 사장으로 거듭날 계기가 되어줄 것이다.

장사의 신
우노 다카시 지음 | 김문정 옮김 | 14,000원

장사에도 왕도가 있다! 일본에서 요식업계의 전설이자 '장사의 신'으로 불리는 우노 다카시. 커피숍의 매니저로 시작해, 200명이 넘는 자신의 직원들을 성공한 이자카야의 사장으로 만든 주인공인 저자가 어떤 장사에도 통하는 성공비법을 공개한다.

답을 내는 조직
김성호 지음 | 15,000원

《일본전산 이야기》의 저자가 4년 만에 내놓은 후속작. 지금 우리에게 필요한 것은 돈도, 기술도, 자원도 아닌, 기필코 답을 찾겠다는 구성원들의 살아 있는 정신이다. 이 책은 어떻게 하면 답을 찾는 인재가 될 수 있는지 크고 작은 기업들의 사례를 통해 속 시원히 밝힌다. (추천 : 잠들었던 의식을 일깨우고 치열함을 되살리고 싶은 모든 이들)

부자지능
스티븐 골드바트 · 조안 디퓨리아 지음 | 15,000원

부모의 재력이나 운, 화려한 스펙 없이도 최고의 자리에 오르고, 부유하고 만족스러운 삶을 사는 이들이 있다. 그들이 갖춘 능력, 그 무언가가 바로 부자지능이다. 이 책은 당신이 본래 갖고 있는 자질과 성격적 특성, 가치관을 통해 물질적·정신적으로 부자가 되는 비밀을 밝힌다. (추천 : 돈과 친해지고, 정신적으로 풍요롭게 살고 싶은 모든 이들)

팔지 마라 사게 하라
장문정 지음 | 18,000원

바보는 고객을 유혹하려 하지만, 선수는 고객이 스스로 선택하게 만든다! 끊임없이 고객의 마음을 읽고 반응해야 하는 설득의 최전선, 치열한 마케팅 전쟁터에서 살아남기 위해 반드시 습득해야 할 '장문정식' 영업전술 교본. 공격적이고 군더더기 없는 설명으로 마케팅과 세일즈의 핵심을 통쾌하게 파헤친다.

함께 보면 좋은 책들

승부사 알바트로스의 돈을 이기는 법
성필규 지음 | 16,000원

누적 수익률 100,000%의 신화의 주인공, 주식시장의 승부사, '알바트로스' 성필규가 말하는 '투자의 정석'. 저자는 투자지식만으로는 시장에서 승리할 수 없지만 '이길 수 있는 원칙'은 있으며 그것은 '돈을 이기는 원칙'이라고 이야기한다. 탐욕에 휘둘리지 않고, 자신의 실력을 있는 그대로 인정하며 치열하게 시장을 준비하는 법.

모든 비즈니스는 브랜딩이다
홍성태 지음 | 18,000원

브랜딩은 더 이상 마케팅의 전유물이 아니다! 이 책은 살아남은 브랜드와 잊혀져가는 브랜드 사례를 토대로, 브랜드 컨셉을 어떻게 기업의 문화로, 가치로 녹여낼 수 있는지를 쉽고 친근하게 설명한다. 브랜딩이 단순한 마케팅 기법이 아니라 경영의 핵심임을 일깨워주는 책. (추천 : 마케팅 담당자뿐 아니라 모든 부서의 직원들을 위한 책)

100년 기업을 위한 승계전략
김선화 지음 | 20,000원

기업이 영속하기 위해 반드시 거쳐야 할, 가장 중요하고도 어려운 관문은 바로 승계다. 국내 최고의 가족기업 권위자인 저자가 경영권 승계의 가치와 노하우를 충실히 담았다. (추천 : 장수기업을 꿈꾸는 경영자들과, 기업의 영속성에 관심 있는 모든 사람들)

여기에 당신의 욕망이 보인다
송길영 지음 | 15,000원

미래는 현재의 욕망에 이미 존재한다. 이 책은 트렌드 예측의 핵으로 떠오른 빅 데이터(big data)를 통해 사람들의 욕망을 이해하고 미래에 대비하는 방법을 국내 기업의 실제 분석사례 20여 건과 함께 보여준다. (추천 : 고객의 생생한 목소리를 듣고 싶은 기업들, 시장과 사회의 변화 흐름을 읽고자 하는 이들)

부자들은 세금으로 돈 번다
김예나(삼성증권 세무위원) 지음 | 17,000원

지금껏 대한민국 0.1%만이 누렸던 슈퍼리치 절세 전략. 마땅한 투자처를 찾기 쉽지 않은 저금리 시대에 숨은 1%를 찾아내고자 하는 노력은 투자자들에게 절체절명의 과제다. 이 책은 그런 의미에서 단 한 푼의 돈도 새어나갈 수 없도록 하는 지키는 투자로서 세테크에 관한 유용한 정보를 제공하고 있다.

당신의 노후는
당신의 부모와
다르다